Helmut Schmidbauer

Personal-Marketing

Verlag W. Girardet · Essen

ISBN 3-7736-4610-0
Bestellnummer 4610

Druck W. Girardet, Essen · Printed in Germany · 1975

Zur Konzeption der Schriftenreihe »Schwerpunkt Marketing«

Zu einer Konzeption gehören Begründungen, Motivationen und klar formulierte, für erreichbar gehaltene Ziele.

Die Motivation dieser Schriftenreihe muß vor dem Hintergrund der kaum noch überschaubaren Vielfalt des sachlich-fachlichen Schrifttums gesehen werden. Gegenüber einzelnen Schriften einzelner Autoren stellt die Schriftenreihe einen Rahmen, der viele Verfasser und viele Themen umfaßt. Sie trägt also ein wenig zur notwendigen Transparenz des Angebotes bei und erleichtert dem Nachfolger die Wahlentscheidung.

Eine andere Begründung hängt mit dem Titel *Marketing* zusammen. Marketing ist keine Wissenschaft, sondern eine praktische Tätigkeit, die in den Außenbereichen der Unternehmungen, in Absatz- und Beschaffungsmärkten sowie in der Verbindung zu allen Gruppen der Öffentlichkeit entstanden ist. Dieses Marketing als Außenpolitik der Unternehmungen ist aber sehr wohl ein Erfahrungsobjekt der Wissenschaft. Dabei stellt sich schnell heraus, daß die Wirklichkeit sich nicht nach der fachlichen Spezialisierung der Wissenschaften gerichtet hat. Obwohl die Betriebswirtschaftslehre sich frühzeitig unter dem Namen Absatzwirtschaftslehre um die Anfänge gekümmert hat, reicht sie allein nicht aus. Marketing als Erkenntnisobjekt erfordert einen wirtschaftswissenschaftlichen Ansatz und die Koordination mit Kybernetik, Psychologie, Soziologie, Statistik – um die wichtigsten Fächer zu nennen. Die Lehre vom Marketing ist integrativ, sie erstreckt sich horizontal über die einzelnen Gesellschafts- und Wirtschaftswissenschaften hinweg.

Eine weitere Motivation liefert die Entwicklung des praktischen Marketing. Entstanden aus der Unternehmung, hat es sich als freiheitliches System des Leistungsaustausches zwischen gleichberechtigten Partnern längst von seinen „Erfindern" gelöst. Einmal sind es alle Einzelwirtschaften gleich welcher Rechtsform, staatliche und kommunale Institutionen, Sozialverbände, Genossenschaften, Vereine, private Haushalte usw., die dieses System sinngemäß selbst anwenden können und zugleich Zielgruppen anderer sind. Zum anderen hat es den wirtschaftlichen Rahmen bereits verlassen: Sozio-Marketing bzw. Meta-Marketing sind aktuelle Begriffe für diese Erscheinung, die den systemneutralen Ansatz der Marketinglehre unterstreicht.

Ziel dieser Schriftenreihe ist es, mit aufeinander abgestimmten Einzelbeiträgen aus den verschiedensten Bereichen diese Realität zu erfassen und transparent zu machen. Dabei soll das Marketing der verschiedenen Einzelwirtschaften (Industrie, Handel, Dienstleister, Staat und Kommunen, Genossenschaften, Vereine, private Haushalte) ebenso dargestellt werden wie Ergebnisse von Analysen der Grundfunktionen Vorbereitung (Forschung und Programmerstellung), Marktkommunikation (Werbung), Abschluß (Kaufprozesse) und Vertrieb (Distribution) in Absatz- und Beschaffungsmärkten sowie der Teilfunktion Öffentlichkeitsarbeit (Public Relations).

Zielgruppen sind Leser in allen wirtschaftlichen und gesellschaftlichen Gebieten, die mit den Außenbeziehungen ihrer Einzelwirtschaften oder Institutionen zu tun haben oder sich dafür interessieren.

Lehrer und Studierende der Fachhochschulen, Universitäten und Gesamthochschulen sind innerhalb dieser Gruppen ebenso angesprochen wie Praktiker, die das Medium Buch als geeignet für ihre weitere Fortbildung ansehen. Dieser vorgestellten, breiten Verbreitung entspricht das „Produkt“ selbst: Es soll Handwerkszeug für geistige Arbeiter sein.

Paul W. Meyer

Helmut Schmidbauer

Personal-Marketing

»Schwerpunkt Marketing«

Eine Schriftenreihe

Herausgegeben von Prof. Dr. Paul W. Meyer, Universität Augsburg

Inhalt

7 **Geleitwort des Herausgebers**

9 **Vorwort**

11 **Teil 1: Das Personal-Marketing**

13 1. Marketing als Grundlage des Personal-Marketing

16 2. Die Entstehung des Personalmarketing-Gedankens
16 2.1 Die Wandlung der Betrachtung des Menschen
17 2.2 Struktur und Entwicklung des Arbeitsmarktes
21 2.3 Sozio-kulturelle Einflußfaktoren als Denkanstöße

22 3. Personal-Marketing als moderne personalpolitische Konzeption

26 4. Instrumente und Aufgaben des Personal-Marketing
26 4.1 Personal-, Berufs- und Arbeitsmarktforschung
26 4.1.1 Personalforschung
27 4.1.2 Berufsforschung
30 4.1.3 Arbeitsmarktforschung
35 4.2 Strukturplanung
36 4.2.1 Personalorganisation
36 4.2.1.1 Juristische Bedingungen
37 4.2.1.2 Arbeitstechnische Bedingungen
39 4.2.2 Leistungen an Mitarbeiter
39 4.2.2.1 Anreizpolitik
40 4.2.2.2 Entgeltpolitik
41 4.2.2.3 Sozialleistungspolitik
42 4.3 Personalführung
42 4.3.1 Führungsstil
44 4.3.2 Information des Personals
46 4.3.3 Mitarbeiterbeurteilung
48 4.4 Personalplanung
49 4.4.1 Personalbedarfsplanung
50 4.4.2 Personalbeschaffungsplanung
50 4.4.3 Personaleinsatzplanung
51 4.4.4 Ausbildungs- und Laufbahnplanung
54 4.5 Public und Internal Relations
54 4.5.1 Public Relations (Öffentlichkeitsarbeit)
56 4.5.2 Internal Relations
57 4.6 Personalverwaltung

61 **Teil 2: Die Personalbeschaffung**
63 1. Die Zielsetzung der Personalbeschaffung
65 2. Gewinnung und Aufbereitung personalbeschaffungsrelevanter Informationen
65 2.1 Informationen über die Beschaffungsmärkte
73 2.2 Informationen der Berufsforschung
78 2.3 Informationen der Personalforschung
83 2.4 Informationen über die zu besetzende Stelle
88 2.5 Informationen über gesetzliche Bestimmungen
94 3. Die Methoden der Personalbeschaffung
95 3.1 Methoden der internen Personalbeschaffung
95 3.1.1 Die interne Stellenausschreibung
98 3.1.2 Interne Personalbeschaffung durch Ausbildung
100 3.1.3 Interne Personalbeschaffung durch Laufbahnplanung
101 3.1.4 Personalbeschaffung durch Lehrlingsausbildung
104 3.2 Methoden der externen Personalbeschaffung
104 3.2.1 Direkte Anwerbemaßnahmen
104 3.2.1.1 Die staatliche Arbeitsvermittlung
107 3.2.1.2 Die Stellenanzeige
109 3.2.1.3 Externe private Vermittler (Personalberater)
111 3.2.1.4 Sonstige Möglichkeiten
114 3.2.2 Indirekte Werbemaßnahmen
114 3.2.2.1 Besichtigungen – Tag der offenen Tür
114 3.2.2.2 Kontakte zu Ausbildungsinstitutionen
116 3.2.3 Behandlung der Bewerbungen
118 **Schlußbetrachtung**
120 **Quellenangaben**
129 **Weiterführende Literaturhinweise**
151 **Stichwortverzeichnis**

Geleitwort des Herausgebers

Der Begriff Personal-Marketing erfuhr seine bislang weiteste Verbreitung in jenen vergangenen Jahren, da Arbeitsmärkte Verkäufer-Märkte waren: Die Personalbeschaffung und die Personalbehandlung waren zu Problemen geworden. Diese Bedingungen gelten in Zeiten steigender Arbeitslosenzahlen sicherlich nicht mehr in voller Stärke. Ist deswegen Personal-Marketing überflüssig geworden?

Das Gegenteil ist richtig. Die „Ware" Arbeit ist nie eine Ware gewesen, noch ist Arbeit gehandelt worden. Soweit menschliche Arbeit im Markt erscheint, also angeboten oder nachgefragt wird, geht es heute regelmäßig um die Vermietung von erwarteten Leistungsfähigkeiten, um eine zeitlich begrenzte Nutzung durch den anderen Marktpartner. Deswegen haben u. a. Arbeitsmärkte, die Absatzmärkte für die „Arbeitnehmer" und Beschaffungsmärkte für die „Arbeitgeber" sind, ihre besondere Qualifikation, die sie von Waren-, Dienstleistungs- und Systemmärkten unterscheidet.

Diese Kenntnisse setzen eine aktive Marktbearbeitung voraus. Dann aber zeigt sich rasch, und es ist das Verdienst des Verfassers, dies klar erarbeitet zu haben, daß Marketing in Arbeitsmärkten eine moderne personalpolitische Konsequenz ist, unabhängig von wechselnden Markt-Situationen. Sie umfaßt die Personal-Beschaffung ebenso wie Forschung, Planung, Führung und Verwaltung. Und sie geht alle an – gleichgültig, auf welcher Marktseite sie ihre Rolle spielen.

Paul W. Meyer

Vorwort

Im Rahmen wirtschaftswissenschaftlicher Untersuchungen wurden Probleme der menschlichen Arbeitskraft lange Zeit hindurch verkannt oder vernachlässigt. Erst seit der Jahrhundertwende wurde diesem Fragenkomplex eine ständig zunehmende Bedeutung zuteil. Die Aussagen und Gestaltungsmöglichkeiten bezüglich der menschlichen Arbeitsleistung im Rahmen der Wirtschaftswissenschaften und hier speziell der Betriebswirtschaftslehre sind jedoch bis in die jüngste Vergangenheit durch zwei Tatbestände charakterisiert.

Zum einen beziehen sie sich, unter Negierung des vieldimensionalen Phänomens „Mensch", nur auf wenige, eng abgegrenzte, separat betrachtete Einflußfaktoren der menschlichen Leistungsabgabe im Unternehmen, und zum anderen sind sie Ergebnis einer autonom betriebenen betriebswirtschaftlichen Forschung. Ziel der Untersuchungen waren die Erfassung und Analyse der Einflußfaktoren menschlicher Arbeitsleistungen sowie die Suche nach den Möglichkeiten ihrer Steigerung.

Unter dem Druck zahlreicher Entwicklungen im gesellschaftlichen, wirtschaftlichen und wissenschaftlichen Bereich vollzog sich allmählich ein Prozeß des Umdenkens in bezug auf die Bedeutung personalpolitischer Probleme, deren notwendiger ganzheitlicher Betrachtung, vieldimensionaler Komplexität und erforderlicher interdisziplinärer Erforschung (vgl. Teil I, Kapitel 2).

So beschäftigen sich Wissenschaft und Praxis in jüngster Vergangenheit, unter Einbeziehung der Erkenntnisse relevanter Disziplinen, mit einer Vielzahl personalpolitischer Probleme. Wenngleich interdisziplinär orientiert, sind die zahlreichen Abhandlungen jedoch nach wie vor auf Teilprobleme des betrieblichen Personalwesens beschränkt. Vermißt wird eine klare Darstellung der Gesamtheit einer personalpolitischen Konzeption.

Darüber hinaus beziehen sich die Ausführungen nur auf den Objektbereich der Unternehmungen. Aber alle menschliche Arbeitsleistungen benötigenden Organisationen, wie z. B. Krankenhäuser, Schulen, Verbände etc., müssen sich mit personellen Problemen beschäftigen und sind deshalb in die Untersuchungen und Aussagen mit einzubeziehen. Denn die Instrumente einer modernen Personalkonzeption sollten grundsätzlich auf alle in Organisationen tätigen Menschen und nicht nur auf Mitarbeiter von Unternehmen anwendbar sein.

Seit ungefähr zwei Jahren findet man in Literatur und Praxis den Begriff Personalmarketing. Dieser steht jedoch nicht für ein allgemein anerkanntes Aussagensystem, sondern ist durch verschiedene Interpretationen gekennzeichnet. Mit diesem Buch soll u. a. der Versuch unternommen werden, zu klären, ob es sich bei dem Begriff Personalmarketing um ein Modeschlagwort, eine kritiklose Übertragung des Marketingansatzes auf den Personalsektor oder um einen neuen Lösungsansatz personeller Probleme handelt.

Durchforstet man die sich mit dem Personalwesen befassende einschlägige Literatur, so wird man mit Verwunderung feststellen, daß Fragen der Beschaffung von Personal nicht nur sehr stiefmütterlich, sondern auch in keinem geschlossenen, systematischen Konzept behandelt sind.

Zielsetzung dieses Buches soll auch der Versuch sein, die bei der Beschaffung von Arbeitskräften entstehenden Probleme und Aufgaben zu behandeln. Dabei geht es in erster Linie darum, den gesamten Problembereich systematisch und umfassend im Rahmen der Personalmarketing-Konzeption darzustellen. Aufgrund der Vielfalt der Einzelprobleme und zum Zwecke einer besseren Überschaubarkeit des Themas muß teilweise auf deren detaillierte Behandlung verzichtet werden.

Die Ausführungen beziehen sich dabei nicht auf eine bestimmte Organisation, wie z. B. die Unternehmung, sondern auf alle Organisationen, die sich mit den Problemen der Beschaffung von Arbeitskräften (Personal) auseinanderzusetzen haben (Unternehmen, Krankenhäuser, Schulen, Militär, Vereine etc.).

Der Versuch, die Berechtigung zur Personalbeschaffung der einzelnen Organisationen aufgrund einer Bestandsaufnahme und Kritik der Diskussion über deren Existenzberechtigung und Zielsetzung zu überprüfen, wird nicht unternommen. Ausgangspunkt ist vielmehr die These, daß für die Zielverwirklichung und die Erhaltung der Organisation „Personal“ als wesentlicher Faktor erforderlich ist. Der Begriff Personal bezieht sich auf alle Mitarbeiter einer Organisation, unabhängig von ihrer jeweiligen Tätigkeit oder hierarchischen Stellung.

Im ersten Teil werden zunächst die Entwicklung sowie die Konzeption des Personalmarketing dargestellt. Darauf aufbauend, folgen Ausführungen über erforderliche personalmarketing-relevante Instrumente und Aufgabenbereiche.

Im zweiten Teil wird versucht, den Komplex der Personalbeschaffung systematisch darzulegen. Den Schwerpunkt der Ausführungen stellen hier die Gewinnung und Aufbereitung beschaffungsrelevanter Informationen und die verschiedenen Methoden der Personalbeschaffung dar. Wenngleich zum gesamten Aufgabenbereich der Personalbeschaffung auch die Methoden der Personalauswahl, die Personaleinführung und die Kontrolle der Personalbeschaffungsmaßnahmen zählen, wird hier auf eine detaillierte Darstellung dieser Problembereiche verzichtet.

Teil I

Das Personal-Marketing

1. Marketing als Grundlage des Personal-Marketing

Als „historischen Wendepunkt in der Wirtschaft unserer Zeit“[1] charakterisiert *Six* die Wandlung von der Verkäufermarkt- zur Käufermarktsituation. Ein hoher Nachholbedarf der Nachkriegszeit, dem nur ein begrenztes Angebot an Gütern und Dienstleistungen gegenüberstand, das ohne Probleme auch abgesetzt werden konnte, war kennzeichnend für die Situation des Verkäufermarktes und dem damit verbundenen produktionsorientierten Denken. Bedingt durch zunehmende Sättigung elementarer Bedürfnisse der Bevölkerung einerseits und durch ein ständig anwachsendes Angebot aufgrund technischen Fortschritts und Spezialisierung andererseits, wurde diese Denkweise notwendigerweise mehr und mehr durch Fragen des Absatzes abgelöst. „Marketing“ entstand als Sammelbegriff für „eine unternehmerische Denkweise, die den Markt in den Mittelpunkt aller Überlegungen und Maßnahmen stellt“[2].

An dieser Stelle können die vielfältigen, mit unterschiedlichen Begriffsinhalten versehenen Marketing-Definitionen nicht dargelegt und gewertet werden. Zu diesem Zwecke wird auf relevante Literatur verwiesen[3].

Als Grundlage der folgenden Ausführungen wird Marketing in Übereinstimmung mit *P. W. Meyer* als ein Problemlösungssystem für alle Einzelwirtschaften verstanden. Es umfaßt alle Steuerungs- und Beeinflußungssysteme, soweit diese auf Partnerschaft der Beteiligten, freier Entscheidung der Partner, Gewaltverzicht und Ergebnisorientierung beruhen[4].

Dabei beziehen sich die Marketing-Aktivitäten nicht nur allein auf den Absatzmarkt, sondern umschließen auch den Beschaffungsmarkt. Marketing ist Absatz- und Beschaffungsmarketing zugleich.

Wenn das Marketing-System, basierend auf der Grundsystematik des Marketing, wie in Bild 1, auch systematisch für die Unternehmung entwickelt wurde, so geht doch

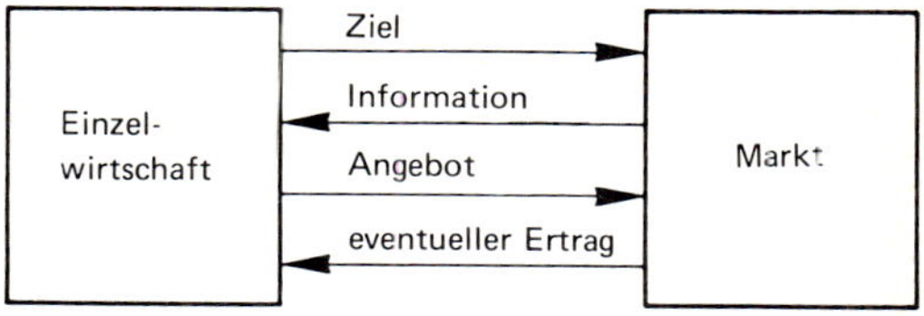

Bild 1 Grundsystematik des Marketing-Management[5]

aus der letzten Definition von *P. W. Meyer* hervor, daß sich der Marketing-Gedanke durchaus auch auf andere Organisationen übertragen läßt. Beispielhaft sind nur einige Begriffe wie „Kirchenmarketing“, „Gewerkschaftsmarketing“, „Marketing- und Wohlfahrtsökonomie“, „Sozio-Marketing“, Spendenmarketing usw. genannt.

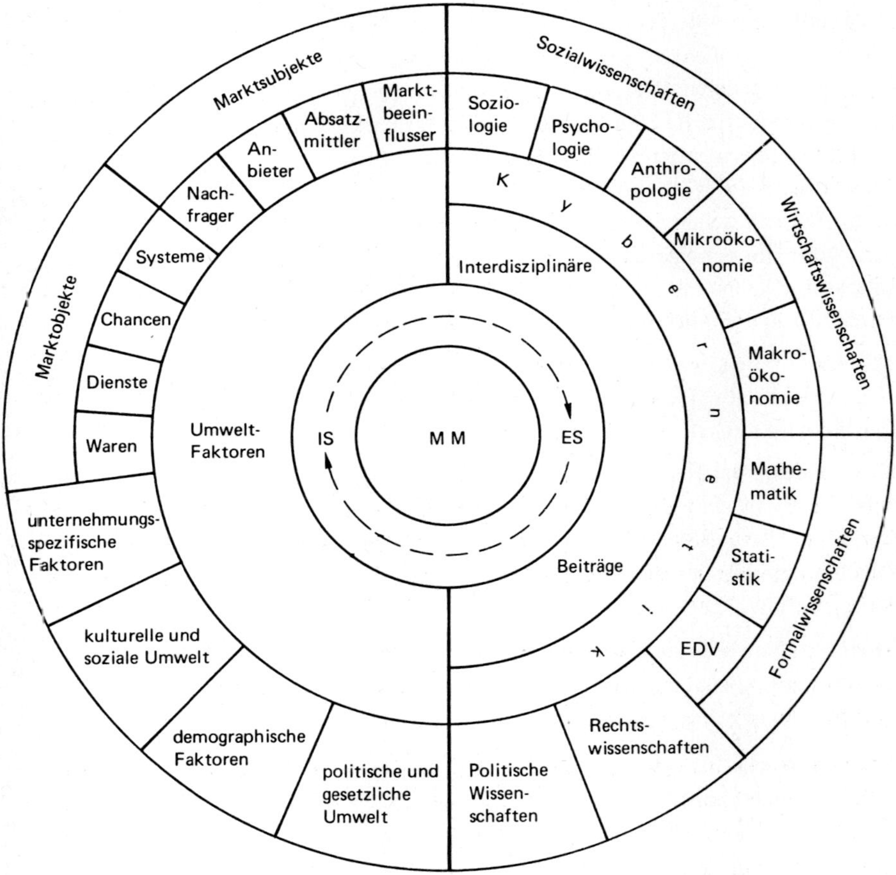

Bild 2 Interdisziplinäre Beiträge und Umweltfaktoren als Determinanten der Marketing-Entscheidung [9)]

Erklärungen: MM = Marketing-Management
ES = Entscheidungssystem
IS = Informationssystem

Marketing darf nicht als isoliert betrachteter, nachgeordneter, selbständig handelnder partieller Funktionsbereich verstanden werden – wie etwa Absatz in der traditionellen Betriebswirtschaftslehre –, sondern als übergreifende, moderne Management-Konzeption im Sinne einer „Führung des Unternehmens vom Markt her“ [6].

Der Begriffsverwirrung auf dem Gebiet des Management mit seinen zahlreichen Interpretationsversuchen, ob personen- oder funktionsbezogen, wohl bewußt, wird Management im Rahmen dieser Arbeit „als eine vieldimensionale Aktivität interpretiert, die die Koordinierung sämtlicher Systemelemente (Personen und Sachmittel) und Systemprozesse im Hinblick auf die Bestanderhaltung und Zweckerfüllung eines realen Systems zum Gegenstand hat“ [7].

Marketing-Management besteht dann darin, „die Struktur des Marktes und das Marktgeschehen zu erfassen, zu analysieren und daraus die erforderlichen Schlußfolgerungen ... zu ziehen“ [8], um mittels der Management-Aktivitäten Politik, Planung, Organisation, Führung und Kontrolle die Bestanderhaltung und Zweckerfüllung der Unternehmung zu gewährleisten. Hieraus geht hervor, daß die übrigen Teilbereiche der Unternehmung der marktorientierten Konzeption untergeordnet sind, diese jedoch nicht separat betrachtet werden darf, sondern nur im Zusammenhang mit dem Potential der restlichen sowie der gegenseitigen Interaktion und Interdependenz aller Teilbereiche.

Um dieser komplexen Koordinierungsaufgabe gerecht werden zu können, ist es erforderlich, daß die Entscheidungen des Marketing-Management auf der Basis fundierter Informationen über die intervenierenden Variablen sowie unter Berücksichtigung der Erkenntnisse relevanter wissenschaftlicher Disziplinen und dem Einsatz neuartiger Methoden der Entscheidungsfindung getroffen werden (vgl. Bild 2).

Zusammenfassend läßt sich feststellen, daß – bewirkt durch die Wandlung von der Produktions- zur Absatzorientierung, der damit verbundenen Entwicklung einer systematischen Marketing-Konzeption und -Methode und deren konsequenter Anwendung – eine Änderung der Management-Philosophie dahingehend erfolgte, daß im Mittelpunkt aller Überlegungen und Maßnahmen die Bedürfnisse der Kunden sowie deren bedarfsorientierte Befriedigung stehen. Der Markt ist „nicht nur das Ende, die Endstation, sondern auch Ausgangspunkt allen ... Handelns“ [10].

Aufbauend auf diesem kurzen, einleitenden Abriß über Entwicklung und Wesen des Marketing, wird in den folgenden Darstellungen versucht, Parallelen in der Entwicklung auf dem Gebiet des „Personal“ aufzuzeigen und die Konzeption des Personalmarketing darzustellen

2. Die Entstehung des Personalmarketing-Gedankens

2.1 Die Wandlung der Betrachtung des Menschen

Die Einstellung dem arbeitenden Menschen gegenüber war in den vergangenen Zeitepochen durch verschiedene Annahmen über sein Wesen und Verhalten geprägt und, bedingt durch gesellschaftliche, wirtschaftliche und wissenschaftliche Entwicklungen, zahlreichen Wandlungen unterzogen. Diese Modellvorstellungen beinhalten Annahmen über Einflußfaktoren menschlicher Motivationen sowie seines Verhaltens in Organisationen und waren Ausgangspunkt für aus ihnen entwickelte Gestaltungshypothesen.

Das mechanistische Grundmodell ist dadurch gekennzeichnet, daß der Mensch als rational verwendbares Instrument betrachtet wird, als „adjuncts to machines" und der Annahme, daß der Mensch primär von monetären Anreizen geleitet wird. Gegenstand der Aussagen sind physiologische Gegebenheiten des Menschen wie etwa Leistungsvermögen, Bewegungsmerkmale, Ausdauer und deren Einfluß auf die als Zielsetzung von der Unternehmung verfolgte maximale Leistungsabgabe [11)].

Das vereinfachte technisch-physiologische Modell des Menschen, als monetär motiviertes Instrument, der „ebenso logisch und rational organisierbar angesehen wie der technische Arbeitsprozeß wird" [12)], war für eine realitätsnahe Lösung personalpolitischer Probleme ungenügend, da es psychologische und soziologische Grundtatbestände negierte.

Die Wohlfahrtsbewegung (social welfare movement) erweiterte das Modell vom Menschen durch Aufnahme individueller Zielvorstellungen und der Annahme einer mehrschichtigen Bedürfnisstruktur, für deren Befriedigung Lohnzahlungen allein nicht genügen. Die Systemleitung entscheidet jedoch allein über Personalprobleme, ist hierbei jedoch von einer patriarchalischen Einstellung gegenüber den Mitgliedern geleitet.

Unter dem Einfluß von Psychologen, Soziologen, Anthropologen etc. wuchs die Überzeugung, daß der Mensch nur unter Einbeziehung seiner ganzen Person und den relevanten Umweltfaktoren erklärt und behandelt werden kann. Aus dieser Erkenntnis und den *Hawthorne*-Untersuchungen (1928 – 1932) in Amerika entstand die Human Relations-Bewegung [13)]. Sie erkannte, daß das Verhalten des Menschen stark von sozialen Beziehungen beeinflußt wird.

Die konsequente Fortentwicklung sozialwissenschaftlicher Untersuchungen und deren gegenseitige Integration führte zu einer Wandlung der Betrachtung des Menschen dahingehend, daß personalpolitische Probleme nur dann einer wirklichkeitsnahen Lösung zugeführt werden können, wenn der Mensch in allen seinen Dimensionen erforscht und erkannt wird, sowie darauf aufbauend, daß entsprechende Gestaltungsmaßnahmen entwickelt und angewendet werden.

Von wesentlicher Bedeutung ist hierbei, daß die individuellen Zielvorstellungen und daraus resultierenden Verhaltensweisen nicht statisch, sondern dynamisch gesehen werden müssen. Sie sind einer ständigen Veränderung durch gesellschaftliche, wirtschaftliche, technische, rechtliche etc. Entwicklungen unterworfen. Hieraus resultiert für die Lösung personeller Fragen u. a. die Notwendigkeit einer systematischen Personalforschung.

Abschließend kann festgestellt werden, daß sich die Einstellung dem arbeitenden Menschen gegenüber gewandelt hat, und zwar von der Betrachtung als Einsatzgut hin zum Koalitionsmitglied, vom maschinenähnlichen zum sozialen Wesen mit individuellen, dynamischen Zielvorstellungen und Verhaltensweisen. Verbunden mit dieser Wandlung war eine allmähliche Umorientierung von der arbeitsproduktivitäts- und verwaltungsbezogenen zur komplexen, vieldimensionalen, personalpolitischen Denkweise.

2.2 Struktur und Entwicklung des Arbeitsmarktes

Wenn eine Übertragung des Marketing-Gedankens auf den Personalsektor als sinnvoll und gerechtfertigt erscheinen soll, so ist es erforderlich, die Entwicklung des Arbeitsmarktes in der Vergangenheit, Gegenwart und Zukunft zu betrachten.

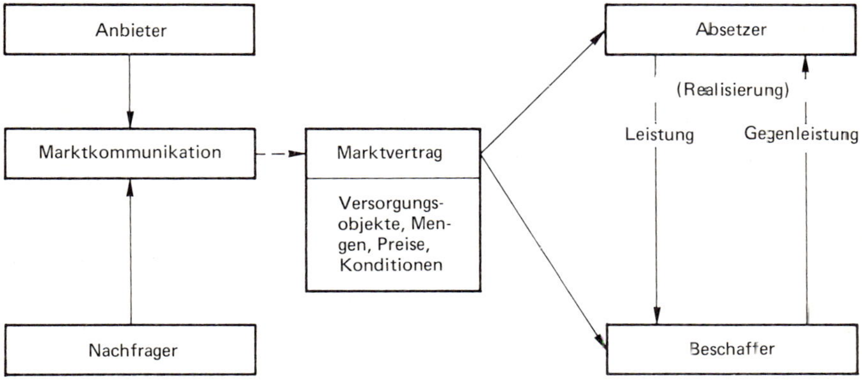

Bild 3 Marktmodell[14]

Das allgemeine Marktmodell (Bild 3) basiert auf natürlichen und juristischen Personen als Marktsubjekte, „die als Anbieter und Nachfrager von Versorgungsobjekten auf der Grundlage der von der Marktordnung gewährleisteten Marktfreiheit miteinander in Beziehung treten (Marktkommunikation). Mit dem daraus sich möglicherweise ergebenden Abschluß eines gegenseitigen Vertrages (Marktvertrag) über Leistung und Gegenleistung (Menge und Art der Versorgungsobjekte bzw. Währungseinheiten sowie Konditionen) werden sie zu Absetzern bzw. Beschaffern, sofern sie den Marktvertrag realisieren"[15]. Abstrahiert man zunächst von den Besonderheiten der Marktsubjekte des Arbeitsmarktes, so erhält man folgendes, vereinfachtes Marktmodell:

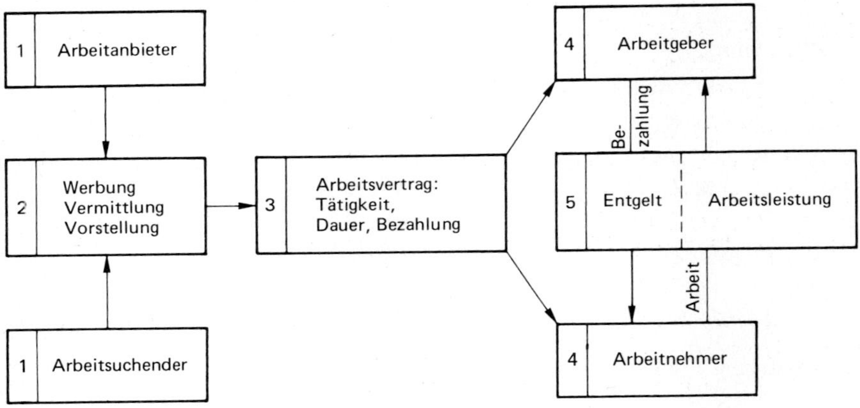

Bild 4 Marktmodell „Arbeitsmarkt"[16]

Der Begriff „Arbeitsuchende" darf nicht zwangsläufig mit der Annahme der Arbeitslosigkeit verbunden werden. Denn die auf dem Arbeitsmarkt um Arbeit Nachfragenden müssen nicht arbeitslos sein, sondern sie können sehr wohl in einem Beschäftigungsverhältnis stehen.

Ferner ist zu beachten, daß Arbeitsuchende nicht nur außerhalb, sondern auch innerhalb einer Organisation zu finden sind. Vorhandene Mitarbeiter können sich durch Vorteilsvergleich aufgrund bekannter Informationen über interne Gegebenheiten und externe Angebote für den Verbleib in einer bestimmten Position, einen Stellenwechsel oder zum Austritt entscheiden, externe Arbeitsuchende für Eintritt oder Nichteintritt in die bestimmte Organisation. Jede dieser möglichen Entscheidungen tangiert die Situation auf dem Arbeitsmarkt.

Untersucht man die Entwicklung des Arbeitsmarktes auf der Basis des dargestellten Modells, so stellt man fest, daß im Laufe der Zeit jeder Teilbereich zahlreichen einschneidenden Veränderungen unterworfen war und weiter ist. An dieser Stelle der Ausführungen wird jedoch zunächst nur die Entwicklung der Angebots-/Nachfragekonstellation auf dem Arbeitsmarkt dargestellt.

Bis zur jüngsten Vergangenheit war diese Konstellation von der Vorstellung der industriellen Reserve-Armee, eines auch in der Zeit der Hochkonjunktur vorhandenen Arbeitskräftereservoirs, begleitet.

Die Zeit bis kurz nach dem Ende des Zweiten Weltkrieges war auch durch eine dauernde, nur in ihrer Höhe schwankende Arbeitslosigkeit gekennzeichnet. Der Slogan: „Für eine Drucksache von fünf Pfennig erhält man vom Arbeitsamt eine fast unbeschränkte Anzahl erstklassiger Arbeitskräfte"[17], gibt die typische Situation eines Verkäufermarktes wieder. Die Anbieter von Arbeitsplätzen waren in der stärkeren Position, da ständig ein Nachfrageüberhang vorhanden war. Für sie bestand keine Notwendigkeit einer intensiven, systematischen Beschäftigung mit dem Arbeitsmarkt.

Analysiert man rein quantitativ die Nachfrage nach Arbeit, so resultiert sie aus

- der Anzahl der Arbeitsuchenden (abhängig in erster Linie von Bevölkerung und Altersstruktur),
- der Zahl erwünschter Arbeitstage und
- der erwünschten täglichen Arbeitszeit.

Jahrelang reichte diese Nachfrage trotz Integration von über zwei Millionen ausländischer Nachfrager nicht aus, das bestehende Arbeitsangebot zu decken. Die Beschäftigungssituation hatte sich in der Bundesrepublik von der Vollbeschäftigung zur Überbeschäftigung entwickelt. Eine wesentliche, dauerhafte Erhöhung der Anzahl Arbeitsuchender kann auch für die Zukunft nicht erwartet werden[18]. Zwar können und werden konjunkturelle und saisonale Schwankungen zeitweise quantitative und qualitative Verschiebungen der Angebots-Nachfrage-Struktur bewirken, eine grundsätzliche Änderung oder Umkehrung ist aber bei relativer Konstanz einschlägiger Bedingungen und Einflußfaktoren nicht anzunehmen.

Auf dem Arbeitsmarkt hat sich generell die Situation vom Verkäufer- zum Käufermarkt entwickelt. Nicht nur aufgrund des lange Zeit bestehenden Überangebotes, sondern auch bedingt durch die gewandelte Betrachtung des Menschen sowie gesellschaftspolitischer Zwänge sind die Arbeitsuchenden in die stärkere Position gerückt, d. h. sie müssen nicht mehr jedes Angebot akzeptieren, sondern können genau prüfen und auswählen, was ihren Vorstellungen entspricht. Beispielhaft sei hier folgendes Bewerbungsschreiben angeführt: „Personalunterlagen kann ich nicht beifügen, weil ich sie schon anderweitig eingesandt habe . . . Ich bin jedoch an Ihrer (!) Mitarbeit interessiert und werde meine Entscheidung dementsprechend treffen" [19]. Wenngleich dieses Beispiel für einen stark überhitzten Arbeitsmarkt steht, so ist nicht zu erwarten, daß bei auftretender Arbeitslosigkeit sofort jedes Stellenangebot akzeptiert wird. Denn aufgrund der gesetzlich fixierten Leistungen der Bundesanstalt für Arbeit und der daraus resultierenden relativ langen (ein Jahr) Sicherung der wirtschaftlichen Verhältnisse der von Arbeitslosigkeit Betroffenen werden diese in der Regel zunächst adäquate Arbeitsplätze suchen.

Für die Anbieter bedeutet dies eine Umorientierung ihrer personalpolitischen Denkweise in Richtung Arbeitsmarkt. Dieser Tatbestand und die mögliche Betrachtung der Arbeitsplätze (Arbeit) als Ware scheinen eine Übertragung des Marketing-Gedankens auf den Personalsektor zu rechtfertigen.

Die Entwicklung des Arbeitsmarktes ist jedoch nicht nur, wie bisher dargelegt, auf eine quantitative Verschiebung von Angebot und Nachfrage beschränkt, sondern auch – was noch größere Probleme aufwirft – auf eine qualitative Veränderung der Angebotsstruktur. Ungelernte und angelernte Arbeit werden infolge des technischen Fortschritts mehr und mehr durch gelernte und hochqualifizierte Arbeit ersetzt: die geistige Arbeit verdrängt die menschliche Muskelarbeit.

Aus diesen Veränderungen resultiert für die Arbeitanbieter mehr denn je die Notwendigkeit einer am Arbeitsmarkt orientierten Personalpolitik (Personalmarketing), um langfristig den Bestand der Organisation durch entsprechende Maßnahmen der Beschaffung, Förderung, Aus- und Weiterbildung der Arbeitnachfrager zu gewährleisten. Das kann aber nicht mehr wie in der Vergangenheit durch kurzfristig geplante Aktivitäten erfolgen, sondern bedarf einer langfristigen Planung. Dabei können die Planungsinhalte jedoch nicht nur rein bedarfdeckender Art, sondern sie müssen auch bedarfweckender Natur sein. Hierunter ist z. B. zu verstehen, daß mittels entsprechender personalpolitischer Public Relations-(PR-)Arbeit Nachfrage auf dem Arbeitsmarkt nach bestimmten Arbeitsplätzen oder gar neuen Berufen hervorgerufen wird.

Lohnerhöhungen, Verkürzungen der Arbeitszeit sowie die Verlängerung des Urlaubs sind darüber hinaus weitere Entwicklungstrends, die dieses Erfordernis verstärken.

Wie in den folgenden Ausführungen aufgezeigt, ist die Entwicklung des Arbeitsmarktes ferner indirekt auch durch gesellschaftliche, rechtliche, psychologische, soziologische etc. Veränderungen beeinflußt.

2.3 Sozio-kulturelle Einflußfaktoren als Denkanstöße

Die zunehmende Ausdehnung der allgemeinen Bildungschancen und Kommunikationsmöglichkeiten ermöglicht es dem einzelnen Menschen mehr und mehr, sich seiner Bedürfnisse und Interessen bewußt zu werden und sie zu artikulieren. Ferner liefern ihm die Erkenntnisse der Sozialwissenschaften Möglichkeiten der Eigenanalyse und der Feststellung seines Eigenwertes. Durch das auf diese Weise gestärkte Selbstbewußtsein ist der Mensch nicht länger gewillt, die Rolle des befehlsgebundenen, dem Gehorsam verpflichteten Untergebenen zu spielen, der in der Organisation verplant wird. Er will an Entscheidungen, die ihn unmittelbar oder mittelbar betreffen, aktiv teilhaben oder zumindest entsprechende Informationen erhalten. Diese Entwicklung vom Untergebenen zum Mitarbeiter findet ihren beredten Niederschlag in dem Wandel der Führungsstile seit der Jahrhundertwende sowie der Erkenntnis um die Bedeutung der personalpolitischen Probleme und findet ihre Verstärkung im rechtlichen Bereich wie z. B. durch Gesetzeserlasse zur Mitbestimmung und Betriebsverfassung.

Auch die Tendenz der verstärkten Mobilisierung und Liberalisierung beeinflußt den Personalsektor der Organisation und erfordert eine mitarbeiterorientierte, langfristige Personalpolitik (Personalmarketing).

Die viel gepriesen und geschmähte „Emanzipation der Frau" ist nicht ohne Auswirkungen auf das Arbeitsleben. Durch entsprechende personalpolitische Aktivitäten (z. B. Teilzeitarbeit, Kindergärten etc.) sind hier noch erhebliche Reserven zu mobilisieren, sowohl was die Anzahl weiblicher Arbeitsuchender (Eintritt oder Rückkehr ins Berufsleben) betrifft, als auch hinsichtlich des qualitativen Potentials.

Als letzter Denkanstoß für die Umorientierung personalpolitischer Denkweise sei der Wandel der Arbeitsmotivation erwähnt. Das allmähliche Verschwinden der protestantischen Ethik[20] und die wachsende Freizeitorientierung haben die Stellung der Arbeit im gesellschaftlichen Wertesystem geschwächt, und damit hat die Anreizfunktion der Personalpolitik verstärkt an Bedeutung gewonnen.

Psychologische, soziologische, wirtschaftliche, rechtliche etc. Entwicklungen haben das „Bild vom Menschen" geändert und erfordern auch vom Personalbereich eine dynamische Anpassung und Erarbeitung neuer Denkkonzepte.

3. Personal-Marketing als moderne personalpolitische Konzeption

Die dargelegten Entwicklungen und Veränderungen brachten auch eine Wandlung der Betrachtung des Personalbereichs mit sich. Bestand früher die Aufgabe des Personalwesens in der verwaltungstechnischen Abwicklung personeller Ereignisse, so wird es heute teilweise bereits als übergreifende, alle Teilbereiche durchdringende Funktion gesehen, als dessen Aufgabe die Gewinnung und Bindung von Personal an die Organisation bezeichnet werden kann. Das Personalwesen entwickelte sich von der unbedeutenden Abteilung zum gleichwertigen Funktionsbereich. Verbunden hiermit war eine allmähliche hierarchische Besserstellung sowie die Erarbeitung personalpolitischer Konzepte.

Diese mit unterschiedlichen Inhalten versehenen Personalpolitiken versuchten langfristige Zielsetzungen und Grundsätze für die Behandlung des Faktors „Personal" für die gesamte Organisation zu entwickeln[21)]. Aufbauend auf einer spezifischen Betrachtung des Menschen, einer bestimmten Personalphilosophie, war und ist die Personalpolitik Richtlinie für die Behandlung des Menschen in der Organisation sowie Grundlage für die Entwicklung entsprechender personalpolitischer Instrumente.

Wie schon dargelegt, war die „Personalphilosophie" in der Vergangenheit starken Wandlungen unterzogen, und es stellt sich nun die Frage, inwiefern der Begriff „Marketing" auf den Personalsektor übertragen werden kann und ob das Personalmarketing und seine Instrumente geeignet sind, der neuzeitlichen Betrachtung der Stellung des arbeitenden Menschen gerecht zu werden.

Der Grundgedanke des Marketing besteht darin, daß Mittel- und Ausgangspunkt aller Überlegungen und Maßnahmen der jeweiligen Organisation die Bedürfnisse der Kunden sowie deren bedarfsorientierte Befriedigung darstellen.

Auf den Personalsektor übertragen bedeutet dies, daß der arbeitende Mensch aus seiner bisher untergeordneten Stellung im Rahmen der Produktionsfaktoren herausgelangen und zum dominierenden Faktor werden muß. Dies erfordert die Erforschung der menschlichen Gegebenheiten und Erwartungen im Hinblick auf die berufliche Tätigkeit. Auf den erzielten Erkenntnissen aufbauend, gilt es entsprechende personalpolitische Lösungsvorschläge zu erarbeiten und in eine Gesamtkonzeption zu integrieren.

Vergleicht man ferner Absatz- und Arbeitsmarkt, so lassen sich dort, abgesehen von der begrenzten Austauschbarkeit und Mobilität der Arbeitskräfte, einige Gemeinsamkeiten finden:

- Arbeitsplätze können als eine Ware betrachtet werden,
- Vorhandensein eines Käufer- bzw. „Personal"marktes,
- Lohn- und Gehaltsfindung erfolgt wie die Preisbildung entsprechend Angebot und Nachfrage,
- Auftreten von konjunkturellen, saisonalen und regionalen Schwankungen,
- Produktionsveränderung und -erneuerung einerseits sowie Variation und Entstehung neuer Berufsbilder andererseits.

Diese Gemeinsamkeiten sowie die zentrale Stellung und Bedeutung des Menschen lassen es gerechtfertigt erscheinen, den Begriff Marketing auch auf den Personalsektor, als Personalmarketing, zu übertragen. Doch worin besteht nun das Neuartige und das Wesen des Personalmarketing?

Personalmarketing wird häufig nur sehr vordergründig als Synonym für Personalwerbung benutzt, als modernes Schlagwort für erfolgversprechende Personalbeschaffung. So verstanden beschränken sich die Aussagen dieser Auslegung des Personalmarketing dann letztlich nur auf spezielle Tips hinsichtlich Inhalt und Gestaltung von Stellenanzeigen sowie auf Mitarbeiterauswahl und sind nicht als umfassende, geschlossene Personalkonzeption zu bezeichnen.

Stehen bei dieser Interpretation die Belange der jeweiligen Organisation, beispielsweise der Unternehmung, zu sehr im Vordergrund, so sind es bei *Eckardstein* und *Schnellinger* die humanitären Aspekte: „Die Philosophie des Personalmarketing verlangt nichts weniger, als daß sich die Unternehmung nunmehr als ‚Dienerin' ihrer Mitarbeiter versteht"[22].

Die Personalarbeit hat sich in der Vergangenheit immer nach zwei grundsätzlichen Maximen – Extrempositionen – ausgerichtet: nach der Wirtschaftlichkeit und nach der Humanität. Wenngleich die Anschauungen hier im Fluß sind und nunmehr unter gesellschaftspolitischen Aspekten die vordringliche Berücksichtigung der Interessen des Personals gefordert wird, so ist dieser Auffassung des Personalmarketing nur tendenziell zuzustimmen. Denn es dürfen trotz – ja gerade deshalb – aller berechtigten humanitären Forderungen Wirtschaftlichkeitsüberlegungen nicht ganz vernachlässigt werden, um Bestand und Sicherheit der Unternehmung – und damit u. U. des Personals – nicht zu gefährden.

Es muß also Aufgabe jeder Personalarbeit sein, unter dem Primat humanitärer Überlegungen, einen Kompromiß zwischen Menschlichkeit und Wirtschaftlichkeit zu finden.

Personalmarketing als moderne personalpolitische Konzeption „umfaßt alle zu treffenden Maßnahmen (Marketing-Mix) des Unternehmens als Anbieter, die dazu dienen, eine latent vorhandene, eine bereits manifeste oder gegebenenfalls eine noch zu erzeugende Erwartungshaltung (Bedürfnis-Mix) derzeitiger oder zukünftiger Arbeitnehmer als Abnehmer durch eine entsprechende marktkonforme Leistung zu befriedigen“[23]. Der Mensch mit seinen Bedürfnissen, Erwartungen und Zielsetzungen bezüglich der Arbeitswelt steht im Mittelpunkt aller personalpolitischen Maßnahmen im Rahmen des Personalmarketing. Personalmarketing ist mitarbeiterorientierte Personalpolitik mit der Zielsetzung, Leistung und Zufriedenheit beim Mitarbeiter zu erwecken sowie größtmögliche, individuelle Entfaltungsmöglichkeiten zu realisieren.

Die konsequente Anwendung und Durchführung der Personalmarketing-Konzeption erfordert:

- die Abstimmung der personalpolitischen Ziele mit den Zielen der Organisation,
- deren schriftlicher Formulierung und langfristigen Fixierung,
- die Bekanntgabe an alle Mitarbeiter sowie
- eine ständige Kontrolle und dynamische Anpassung.

Das oberste Gebot ist jedoch, daß die Gedanken des Personalmarketing nicht auf die Personalabteilung beschränkt bleiben, sondern die ganze Organisation durchziehen und das Denken aller Belegschaftsmitglieder „mitarbeiterorientiert“ gestalten. Daraus könnte eine bessere, menschenwürdigere Arbeitswelt entstehen und eine nachträgliche empirische Rechtfertigung des Personalmarketing.

Die bisherigen Ausführungen haben gezeigt, daß das Personalwesen in der Vergangenheit starken Veränderungen, neuen Aufgabenstellungen und Ansprüchen ausgesetzt war. Die allmähliche Integration von sozialen Überlegungen und eines „human concept“ in das Bild des homo oeconomicus variierten nicht nur die jeweilige, zeit- und situationsspezifische Personalphilosophie, sondern variierten, modifizierten und entwickelten darüber hinaus zwangsläufig auch die personalpolitischen Instrumente.
Als personalpolitische Instrumente sind alle Mittel, Möglichkeiten und Maßnahmen zu verstehen, die geeignet sind, auf die Beziehungen und Prozesse im personellen Sektor einer Organisation einzuwirken. Dabei können personalpolitische Zielsetzungen durch Einsatz nur eines personalpolitischen Instrumentes oder aber durch eine Kombination verschiedener personalpolitischer Instrumente erreicht werden. Im folgenden werden die personalpolitischen Instrumente des Personalmarketing systematisch gegliedert und kurz dargestellt (vgl. Bild 5).

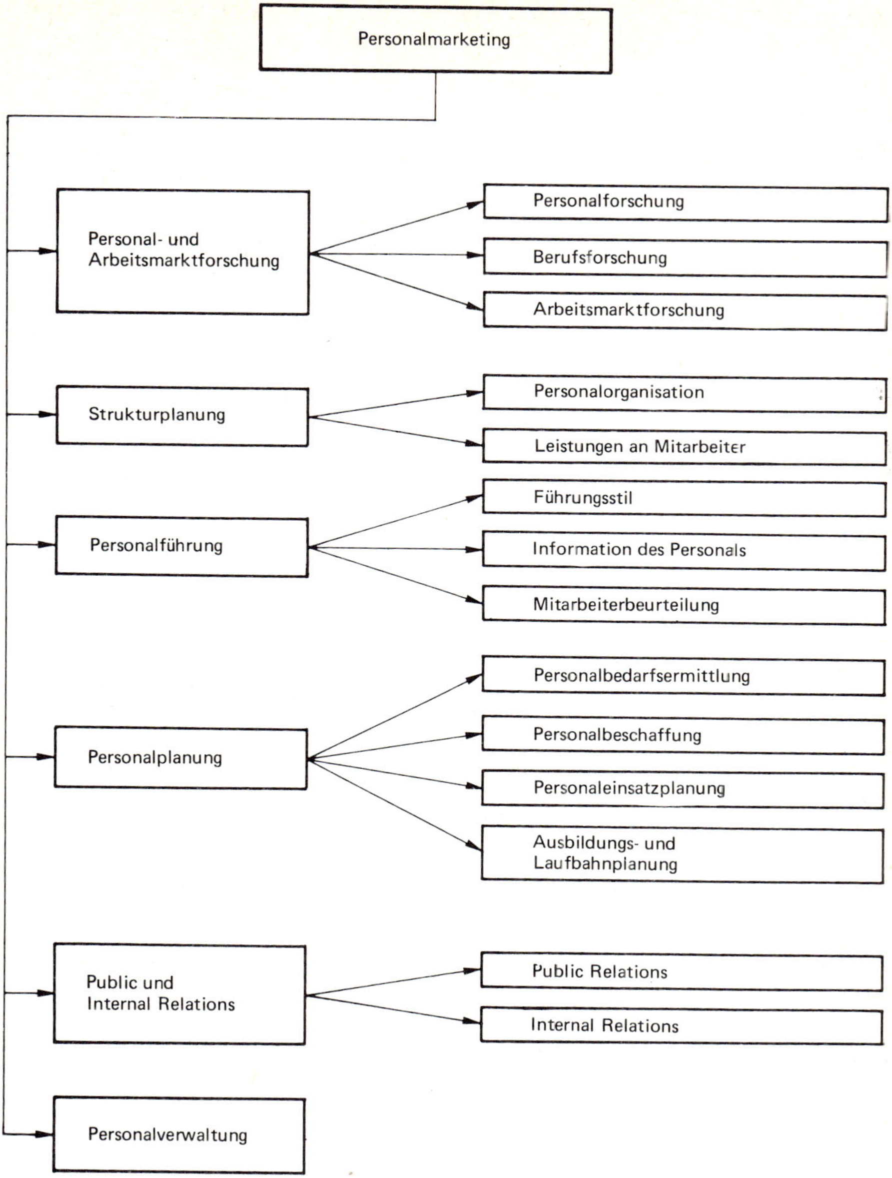

Bild 5 Instrumente und Aufgaben des Personalmarketing

4. Instrumente und Aufgaben des Personal-Marketing

Grundlage für die Entwicklung und den Einsatz eines mitarbeiterorientierten, personalpolitischen Instrumentariums (Personalmarketing) ist eine intensive Beschäftigung mit dem Menschen und seiner Umwelt.

4.1 Personal-, Berufs- und Arbeitsmarktforschung

Die Aufgabe der Personal-, Berufs- und Arbeitsmarktforschung als Instrumente des Personalmarketing besteht darin, Daten zu ermitteln, die sowohl geeignet sind, die Entwicklung einer langfristigen, jedoch dynamischen Personalmarketing-Konzeption zu ermöglichen, als auch die Unsicherheit personalpolitischer Entscheidungen zu reduzieren.

4.1.1 Personalforschung

Mittels Personalforschung sollen Art und Struktur menschlicher Bedürfnisse und Motivationen im Hinblick auf das Berufsleben sowie deren Veränderungen im Zeitablauf erforscht werden. Wenngleich die Psychologie sich noch nicht auf ein einheitliches und von allen Wissenschaftlern akzeptiertes Modell oder eine Theorie der Bedürfnisse hat einigen können, so ist man doch allgemein zur Überzeugung gelangt, daß der arbeitende Mensch nicht nur nach Geld strebt. Für personalpolitische Zwecke erscheint das System der Hierarchie der Bedürfnisse von *Maslow* [24)] (Bild 6) besonders geeignet.

Zum einen ist es ausreichend differenziert, um entsprechende personalpolitische Aussagen und Gestaltungsmöglichkeiten zu erlauben, und zum anderen zeigt es eine Rangfolge der Bedürfnisse auf. Es besagt nämlich, daß im allgemeinen Bedürfnisse höherer Ebene erst dann angestrebt werden, wenn die Bedürfnisse der niedrigeren Ebene befriedigt sind (z. B. wird das Bedürfnis nach Sicherheit erst nach Befriedigung der physiologischen Bedürfnisse angestrebt). Daraus resultiert für das Personalmarketing eine Rangfolge bzw. Gewichtung des Einsatzes relevanter personalpolitischer Instrumente.

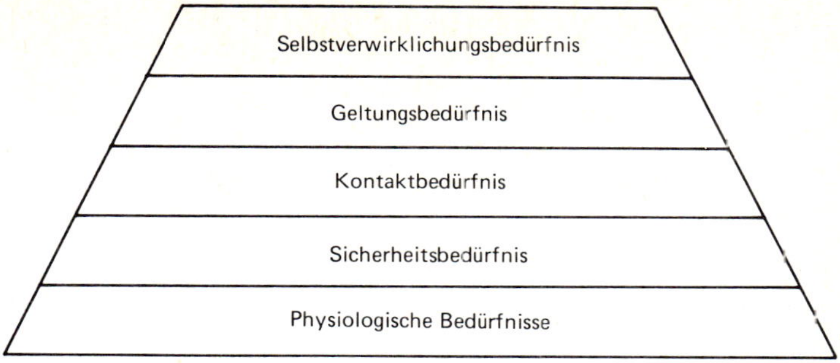

Bild 6 Bedürfnispyramide

Zahlreiche empirische Untersuchungen, speziell in den USA und Deutschland, haben einen Wandel der Bedürfnisrangfolge des arbeitenden Menschen aufgedeckt, und zwar in Richtung der Bedürfnisse höherer Ebene [25]. Aufschlußreich sind in diesem Zusammenhang die Ergebnisse einer neueren Untersuchung in der *Messerschmitt-Bölkow-Blohm*-Gruppe in München an 500 vorwiegend jungen Mitarbeitern. Die von insgesamt fünfzehn Motivationsfaktoren am häufigsten genannten vier waren:

- Aufgabenstellung,
- Aufstiegs- und Weiterbildungsmöglichkeiten,
- Mitsprache, Mitwirkung und Information,
- Führungsstil [26].

Die Personalforschung versucht, für das Personalmarketing Entscheidungshilfen dahingehend zu gewinnen und zu entwickeln, daß das personalpolitische Instrumentarium an den menschlichen Bedürfnissen sowie deren Gewichtung ausgerichtet werden kann und darüber hinaus eine rechtzeitige, dynamische Anpassung der Instrumente an geänderte Bedürfnisarten und -strukturen ermöglicht wird. Sie ist damit ein grundlegendes, notwendiges Hilfsmittel des Personalmarketing.

4.1.2 Berufsforschung

Die Berufsforschung dient als weitere Informationsquelle für das Personalmarketing. Sie kann als „Sammelbezeichnung für multidisziplinäre Forschungsansätze am gemeinsamen Objekt Beruf verstanden werden, mit Beiträgen beispielsweise der Philosophie (Begriff des Berufs; Beruf als Kulturphänomen), der Geschichtswissenschaft (Ent-

Ausbildungsstand der 15–65jährigen Erwerbstätigen im April 1964 nach Berufsbereichen und -gruppen

– Anteilswerte nach Berufsbereichen, -gruppen –

BKZ	Berufsgruppe	Erwerbstätige insgesamt in 1 000 (= 100 %)	Vorbildung für die 1964 ausgeübte Tätigkeit: nur berufsbildende Schule: allgemeiner Art	Techniker- und Ing.-Schule	Hochschule Pädag. Hochschule	Lehre und berufsbildende Schule	Lehre oder Anlernzeit	betriebliche Einarbeitung	ohne Ausbildung u. ohne Angabe
1	2	3	4	5	6	7	8	9	10
			in v. H. der Spalte 3						
I	**Gewinner von Naturprodukten, Mineralien**	**2 826,5**	**5,8**	**0,0**	**0,2**	**2,2**	**7,7**	**6,6**	**77,4**
111/4	Ackerbauern, Tierzüchter	333,2	10,3	0,0	0,4	3,4	6,2	4,7	74,9
115 R	Gartenbauer (ohne 1157)	140,0	2,2	–	0,5	7,7	44,5	16,4	28,6
12	Forst-, Jagd-, Fischereiberufe	80,2	7,6	–	2,6	9,7	5,2	13,0	61,8
21	Bergleute, Mineralgewinner, -aufbereiter	271,7	0,4	–	–	0,9	25,5	33,7	39,3
13	Mithelfende Angehörige des Bereiches I	1 501,4 r	4,5	–	0,0	0,9	2,1	1,5	91,1
II	**Hersteller und Aufbereiter von Grundstoffen**	**691,3**	**0,3**	**0,0**	**–**	**0,9**	**12,5**	**41,3**	**44,9**
22	Steinbearbeiter, Keramiker, Glasmacher	162,7	0,3	–	–	0,9	21,4	33,3	43,9
251/2	Metallerzeuger, Walzer	84,7	–	–	–	0,2	11,2	46,5	42,0
282	Chemiewerker	225,8	0,4	0,0	–	0,7	7,8	43,6	47,5
301	Holzaufbereiter	71,5	0,3	–	–	1,3	9,6	30,8	58,0
321	Papierhersteller	26,3	0,4	–	–	0,8	11,4	45,2	42,2
342	Spinnberufe	91,5	0,7	0,1	–	0,8	8,0	54,8	35,6
361	Lederhersteller	12,8 s	0,8	–	–	2,3	25,8	32,8	38,3
371	Mehl-, Nährmittelhersteller	16,0 s	0,6	–	–	2,5	26,2	33,1	37,5
III	**Verarbeiter und Bearbeiter von Grundstoffen**	**2 670,2**	**0,6**	**0,0**	**0,0**	**3,2**	**39,8**	**29,9**	**26,7**
37 R	Ernährungsberufe (ohne 371)	534,4	0,9	–	0,0	7,4	51,7	11,8	28,2
34/5 R	Bekleidungs-, Textilberufe (ohne 342)	754,9	0,8	0,0	–	3,0	43,5	30,1	22,7
36 R	Leder-, Fellverarbeiter (ohne 361)	173,6	0,2	–	–	4,7	45,9	23,7	25,5
322+33 R	Papierverarbeiter, Drucker (ohne 332)	232,8	0,9	0,0	–	4,5	48,2	23,0	23,3
25 R	Metallbearbeiter (+ 262 + 271)	713,3	0,3	0,0	–	0,7	35,6	44,0	19,4
259	Metallarbeiter ohne nähere Angaben (+ 2559)	226,0	–	–	–	0,0	3,2	37,2	59,6
29	Kunststoffbearbeiter, -verarbeiter	35,2	–	–	–	0,6	2,3	48,0	49,1

IV	**Montage-, Wartungsberufe u. Produktfinishing**	**3 957,8**	**0,4**	**0,1**	**0,0**	**4,0**	**69,5**	**12,9**	**13,2**
241/5	(Roh-)Bauberufe	842,6	0,5	0,0	–	3,2	60,0	14,4	22,0
247 R	Bauausstatter (ohne Maler)	136,1	0,4	–	–	2,7	60,8	22,6	13,5
30 R	Tischler und Holzgerätebauer etc.	390,2	0,3	0,0	–	5,4	78,6	7,2	8,5
26 R	Montage-, Wartungsberufe (Metall)	1 722,7	0,4	0,1	–	3,7	75,2	10,4	10,2
27 R	Montage-, Wartungsberufe (Elektro)	476,2	0,4	0,2	0,0	5,3	67,4	16,6	10,0
274 R	Montagehelfer (Elektro) (2746 + 2749)	73,2 s	–	–	–	1,0	–	51,5	47,5
2478+228	Berufe des Produktfinishing	316,8	0,7	–	–	5,8	74,6	10,7	8,3
Va	**Dienstleistungsberufe A**	**1 561,3**	**16,1**	**0,1**	**32,3**	**10,5**	**18,6**	**8,9**	**13,4**
81	Gesundheitsdienstberufe	425,7	20,5	0,0	25,0	20,7	12,0	11,3	10,4
77+821	Sozial-, Erziehungsberufe	100,2	50,4	–	2,8	12,1	7,2	11,3	16,3
822+841	Lehr- und Forschungsberufe	353,2	5,4	0,2	80,2	7,1	1,7	1,7	3,7
83	Seelsorger	88,2	7,6	–	43,0	2,9	1,1	2,4	43,0
84 R+85	Berufe der Kommunikation und Gestaltung (+ 332 + 1157)	186,5	16,9	0,4	15,7	8,0	29,3	10,6	19,1
72	Rechtswahrer, -berater	63,5	4,6	0,2	69,9	6,5	2,5	11,3	5,0
73	Ordnungs-, Sicherheitswahrer	128,9	38,4	0,2	0,7	3,6	4,3	26,7	26,0
65	Friseure, Körperpfleger	215,6	1,8	–	–	5,8	75,5	4,7	12,2
Vb	**Dienstleistungsberufe B**	**2 747,8**	**2,0**	**0,1**	**0,0**	**1,6**	**9,2**	**22,0**	**65,1**
61	Gästebetreuer	265,2	1,6	–	0,0	3,3	18,3	18,2	58,6
62/3	Haushaltsbetreuer, Reinigungsberufe	913,2	1,7	–	–	0,9	5,1	9,9	82,4
67	Dienst-, Wachberufe, Hauswarte	170,4	0,2	–	–	0,3	2,5	22,4	74,5
52	Verkehrsberufe	1 399,0	2,6	0,2	–	1,8	11,0	30,5	53,8
VI	**Verteilende, verwaltende, planende Berufe**	**6 381,6**	**9,9**	**2,4**	**2,7**	**13,1**	**40,9**	**14,6**	**16,4**
51 R	Dienstleistungskaufleute	432,3	6,4	0,1	1,7	12,2	42,7	18,6	18,4
511	Warenkaufleute	1 721,6	8,1	0,1	0,4	6,4	51,6	13,3	25,2
7111-3	Unternehmer, Geschäftsleiter, Steuerberater	363,9	8,0	2,2	8,4	15,8	35,6	10,4	19,6
71 R	Verwaltungs-, Büroberufe	2 959,2	16,4	0,2	1,2	11,4	39,9	17,0	13,7
41	Ingenieure, Techniker und dergleichen	749,3	4,0	17,6	11,9	35,1	19,7	6,9	4,9
42	Technische Sonderfachkräfte	155,3	5,3	2,2	0,3	9,8	52,3	18,9	11,3
VII	**Nicht sektoral- oder produktgebundene Berufe**	**2 676,2 r**	**0,8**	**0,1**	**0,1**	**0,9**	**7,5**	**25,9**	**64,8**
38	Warennachseher, Versandfertigmacher, Lagerverwalter	582,1	0,4	0,0	–	0,6	7,3	39,6	52,0
43	Maschinisten	344,3	0,4	0,2	–	1,2	16,8	51,8	29,5
39	Unspezifische Hilfskräfte	1 027,2	0,1	–	–	0,1	1,0	20,4	78,4
91	Mithelfende Angehörige der Bereiche II - VII	591,7 r	2,9	0,0	0,4	2,0	13,4	9,1	72,2
92	ohne Angaben	130,9 r	0,8	0,4	0,8	2,1	8,7	14,7	72,4
I - VII	**Alle Berufsbereiche zusammen**	**23 513,2 r**	**4,9**	**0,7**	**2,9**	**5,9**	**31,8**	**17,6**	**36,2**

Bild 7 Beispiel für Ergebnisdarstellung aus der Berufsstrukturforschung [28)]

stehung, Entwicklung der Berufe), der Soziologie (Berufe als gesellschaftliche Teilsysteme, Rollen-, Status-, Professionalisierungs- und Mobilitätsprobleme), der Psychologie (Berufsleistungs-, -anforderungs-, -eignungs-, -neigungsfragen), der Medizin (Berufskrankheiten, Erhaltung der Leistungsfähigkeit im Beruf), der Pädagogik (Berufsbildung), der Technologie (Einfluß technischer Neuerungen auf die Berufe), der Ökonomie (berufsspezifische Teilarbeitsmärkte), der Rechtswissenschaft (gesetzliche Voraussetzungen und Beschränkungen der Berufstätigkeiten) und anderer Disziplinen" [27].

Grundsätzlich läßt sich die – überwiegend staatlich betriebene – Berufsforschung in die Berufsstrukturforschung und die Berufsprozeßforschung gliedern. Die Berufsstrukturforschung beschäftigt sich mit der Untersuchung der gegenwärtigen Verteilung der Berufe, ihrer Inhalte und ihres Verhältnisses zueinander, während die Berufsprozeßforschung Untersuchungen über die Entwicklung der Berufe im Zeitablauf, ihre Ausdehnung und Schrumpfung, über neu entstehende und aussterbende Berufe, über inhaltliche Veränderungen und über Verbesserungen bzw. Verschlechterungen der berufsspezifischen Arbeitsmarktchancen durchführt [29].

Die Ergebnisse der Berufsforschung liefern wichtige Hinweise für das Personalmarketing hinsichtlich der Inhalte und Ausgestaltung der personalpolitischen Instrumente, speziell für Probleme der Personalbedarfsermittlung, der Personalbeschaffung, der Aus- und Weiterbildung sowie der Public und Internal Relations.

4.1.3 Arbeitsmarktforschung

Marketing ohne Marktforschung ist ex definitione nicht möglich. Die Marktforschung hat ganz allgemein die Aufgabe, dem Unternehmen durch die Beschaffung spezieller Daten und Informationen über den entsprechenden Markt Entscheidungsunterlagen zur zielgesteuerten Unternehmensführung zu liefern. Erfolgreiches Personalmarketing ist ebenfalls nur realisierbar durch Einsatz von Methoden der empirischen Sozialforschung auf dem Arbeitsmarkt.

Mittels primär- und sekundärstatistischer Analysen versucht die Arbeitsmarktforschung, die Elemente und Einflußfaktoren des Arbeitsmarktes (Bild 8) sowie deren Strukturen und Veränderungen im Zeitablauf zu erforschen und mögliche Entwicklungen zu prognostizieren. Die „Arbeitsmarktforschung muß die notwendigen objektiven Daten und Informationen liefern, welche die jeweilige Größe, Struktur und Entwicklung des allgemeinen Arbeitsmarktes und seiner regionalen und funktionalen Teilmärkte erkennen lassen" [30].

Von staatlicher Seite her wurde der Bundesanstalt für Arbeit – mit dem Ziel der Möglichkeit einer aktiven vorausschauenden Arbeitsmarkt- und Beschäftigungspolitik (§§1, 2, 3 AFG) – als besondere Aufgabe die Arbeitsmarkt- und Berufsforschung übertragen. § 6 Abs. 1 und 2 AFG schreibt vor: „Die Bundesanstalt hat Umfang und Art der Beschäftigung sowie Lage und Entwicklung des Arbeitsmarktes, der Berufe und der beruflichen Bildungsmöglichkeiten im allgemeinen und in den einzelnen Wirtschaftszweigen und Wirtschaftsgebieten, auch nach der sozialen Struktur, zu beobachten, zu untersuchen und für die Durchführung der Aufgaben der Bundesanstalt auszuwerten (Arbeitsmarkt- und Berufsforschung). Die Bundesanstalt stimmt ihre Arbeitsmarkt- und Berufsforschung mit dem Bundesminister für Arbeit und Sozialordnung ab. Die Forschungsergebnisse sind dem Bundesminister für Arbeit und Sozialordnung vorzulegen. Die Bundesanstalt hat für die Arbeitsmarkt- und Berufsforschung die notwendigen organisatorischen und technischen Voraussetzungen zu schaffen. Sie hat die erforderlichen Unterlagen zu erstellen, zu führen und auszuwerten“. Die Ergebnisse der Arbeitsmarkt- und Berufsforschung werden publiziert. Sie sind somit der Öffentlichkeit zugänglich und als Entscheidungshilfen verwendbar. [32)]

Im Rahmen dieser Arbeit können im folgenden nur noch schematisch die wesentlichen Untersuchungsgebiete der Arbeitsmarktforschung dargestellt werden [33)].

Betrachtet man den gesamten Untersuchungsbereich der Arbeitsmarktforschung, so kann man zusammenfassend feststellen, daß sie alle Begebenheiten und Trends auf den inner- und außerbetrieblichen Arbeitsmärkten analysiert, die als Einflußfaktoren auf Art und Struktur des personellen Bereichs des Unternehmens relevant erscheinen. Dadurch wird das Unternehmen in die Lage versetzt, frühzeitig spezielle Entwicklungen zu erkennen und eventuell geeignete Gegen- oder Anpassungsmaßnahmen zu konzipieren. Darüber hinaus dienen spezifische Ergebnisse der Arbeitsmarktforschung (z. B. Image, Fluktuation, Fehlzeiten etc.) zur Überprüfung der bis dato eingesetzten personalpolitischen Instrumente sowie deren Revision oder Neuentwicklung. Die Ergebnisse der Arbeitsmarktforschung verdrängen Spekulation und Intuition und bilden zusammen mit den Untersuchungen der Personal- und Berufsforschung eine tragfähige Basis für langfristiges Personalmarketing.

Aufbauend auf den Informationen von Personal-, Berufs- und Arbeitsmarktforschung einerseits und der aus der Zwecksetzung des Unternehmens erforderlichen personalen Notwendigkeit andererseits, besteht nun die weitere Aufgabe des Personalmarketing darin, eine geschlossene, aufeinander abgestimmte, mitarbeiterorientierte Personalkonzeption zu gestalten und zu realisieren. Diese muß geeignet sein, sowohl primär

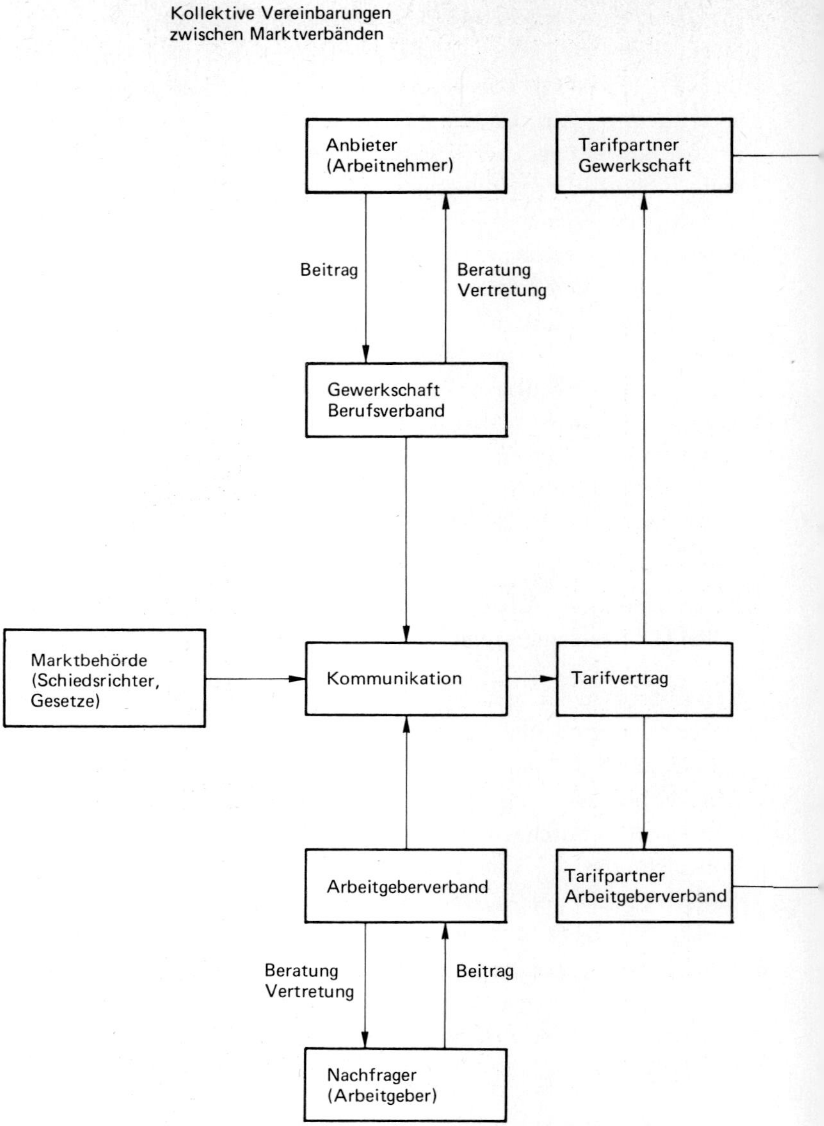

Bild 8 Marktmodell „Arbeitsmarkt BRD“ [31]

Individuelle Vereinbarungen zwischen
Arbeitnehmer/Arbeitgeber, teilweise auf Basis der kollektiven Vereinbarungen

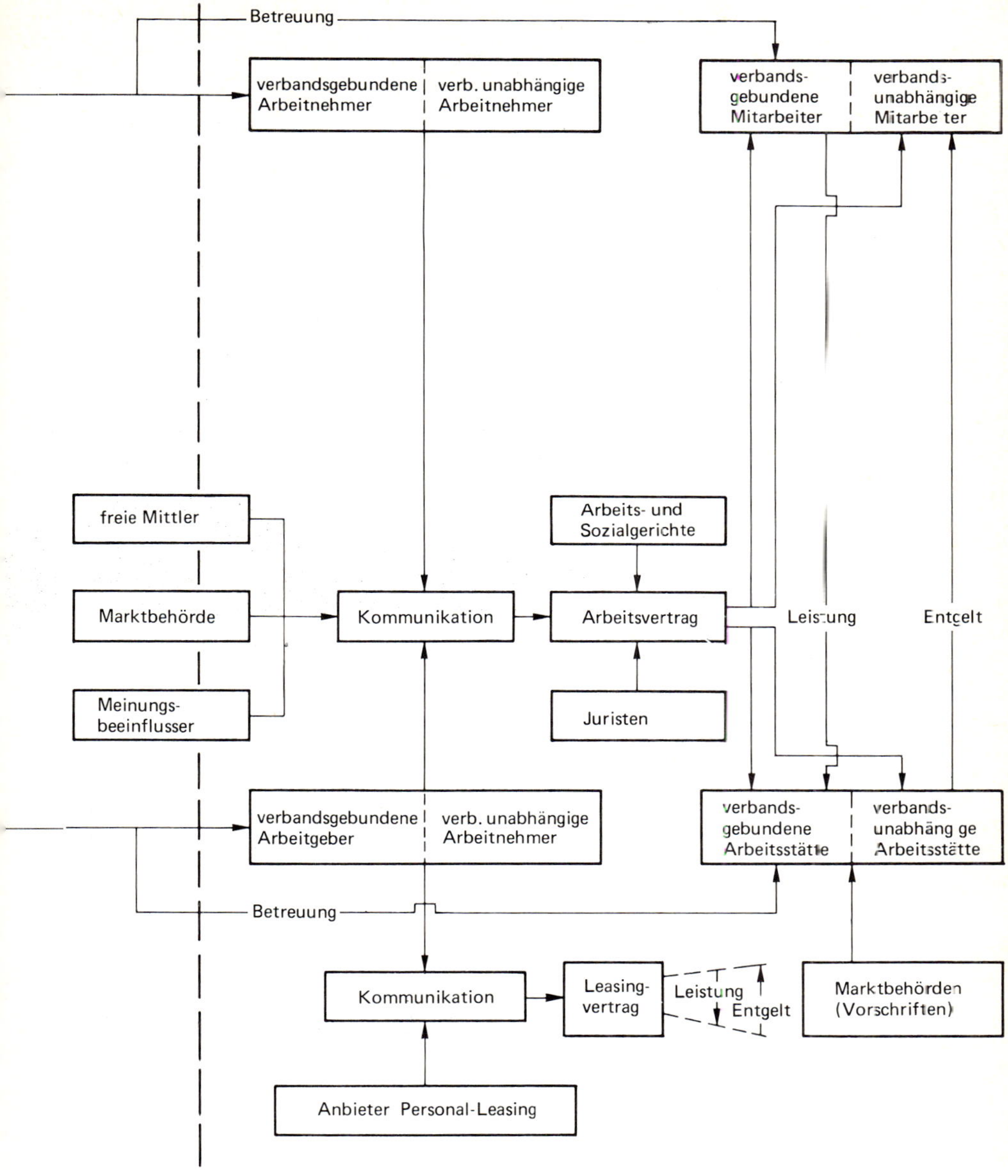

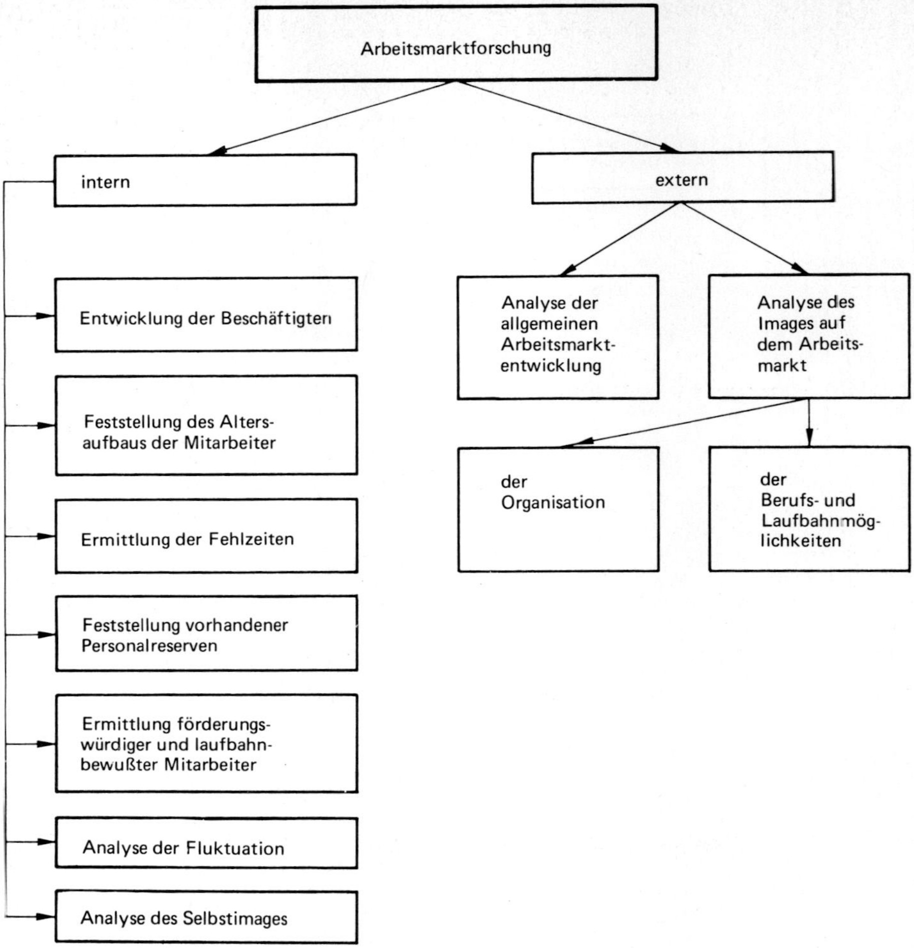

Bild 9 Schema der Untersuchungsgebiete der Arbeitsmarktforschung

den menschlichen Aspekten gerecht zu werden als auch den Leistungsanforderungen des Unternehmens zu entsprechen, d. h. eine spezifische Leistungsmotivation, -abgabe und Zufriedenheit beim Mitarbeiter zu erwecken.

Hierzu ist erforderlich, daß die zahlreichen endogenen und exogenen Faktoren, die die Arbeitsabgabe und Zufriedenheit des Menschen beeinflussen, erkannt und – soweit wie möglich – entsprechend gestaltet werden (Bild 10).

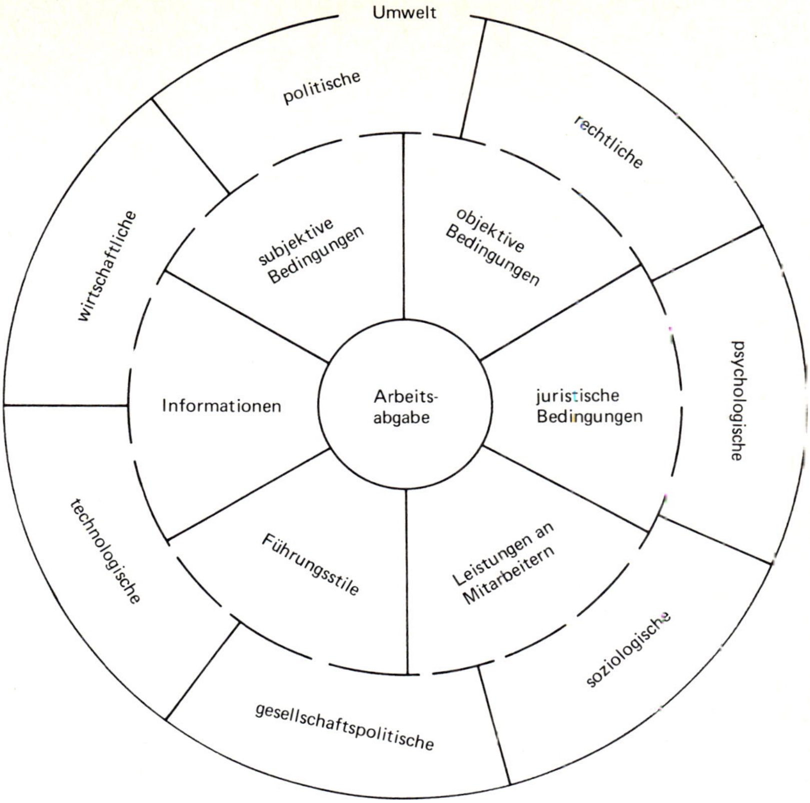

Bild 10 Einflußfaktoren der menschlichen Arbeitsabgabe

Erklärung: – – – vom System ganz oder teilweise beeinflußbar
— nicht oder nur bedingt beeinflußbar

4.2 Strukturplanung

Die Aufgabe der Strukturplanung (Bild 11) besteht darin, im Rahmen der Personalorganisation das rechtliche und arbeitstechnische Beziehungsgefüge zu erstellen sowie in Gestalt der Leistungen an Mitarbeiter Relationen quantitativer und qualitativer Art zwischen Leistung, Verhalten und Entgeltzahlungen zu fixieren.

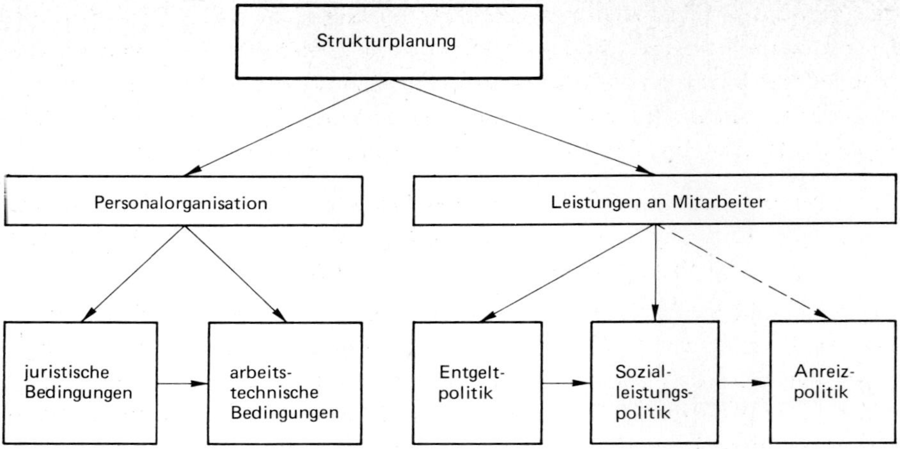

Bild 11 Strukturplanung im Personalmarketing

4.2.1 Personalorganisation

4.2.1.1 Juristische Bedingungen

Die juristischen Bedingungen versuchen, das Verhältnis von Arbeitgeber und Mitarbeiter einer Regelung und dauerhaften Struktur zuzuführen, d. h. sie dienen als Ordnungsrahmen. In der Konzeption des Personalmarketing sollte hierbei zwischen den Partnern kein Subordinationsverhältnis – wie in der Vergangenheit –, sondern Gleichberechtigung bestehen, d. h., die berechtigten Wünsche und Interessen der Mitarbeiter sind ins Kalkül mit einzubeziehen, und der Mitarbeiter sollte als Individuum geschätzt werden. Das Anliegen der juristischen Bedingungen ist es, u. a. die Voraussetzungen für eine vertrauensvolle Zusammenarbeit von Arbeitgeber und Personal zu schaffen. Um ein optimales Handlungsgesamt zu erzielen, versuchen sie auf der Basis der Menschenwürde und Gleichberechtigung eine aktionsfähige, effiziente Integration von Unternehmenszielen und -erfordernissen einerseits, individuellen Zielvorstellungen und Gegebenheiten andererseits. Ihren Niederschlag finden sie in schriftlicher Form in der Betriebsverfassung und/oder in den sogenannten Arbeitsordnungen.

Von besonderer Bedeutung für den privatwirtschaftlichen Bereich ist hier das Betriebsverfassungsgesetz von 1972 (Neufassung des Betriebsverfassungsgesetzes von 1952). Es erhält für den Personalbereich die Bedeutung einer juristischen Rahmenbedingung, da es zum einen festlegt, wer bei der allgemeinen Gestaltung des betrieblichen Sozialwesens und bei speziellen personellen Angelegenheiten zu entscheiden hat. Zum anderen beinhaltet es einen Aufgabenkatalog für den Betriebsrat. Bei der Festlegung der Betriebsverfassung im Betriebsverfassungsgesetz ließ sich der Gesetzgeber offensichtlich von dem Gedanken leiten, daß das so geregelte Zusammenwirken zwischen Arbeitgeber und Belegschaft gemeinsamen Zielen diene, nämlich dem Wohl des Betriebes und der Belegschaft unter Berücksichtigung des Gemeinwohls.

Die juristischen Bedingungen sind in der Regel als Mindestnorm dem Unternehmen von außen durch gesetzliche Vorschriften vorgegeben. Sie können vom Unternehmen nur zugunsten der Mitarbeiter variiert und/oder ergänzt werden.

Das Personalmarketing als moderne personalpolitische Konzeption muß bemüht sein, den Handlungsspielraum der Mitarbeiter in bezug auf Selbstbestimmung und Persönlichkeitsentfaltung nicht allzu sehr durch rechtliche Bedingungen einzuschränken, sondern im Gegenteil – entsprechend den Erkenntnissen der Personal-, Berufs- und Arbeitsmarktforschung – zu einem Optimum zu gestalten. Nur so kann eine für alle Seiten verbindliche Basis für weitere Strukturplanungen erzielt werden.

4.2.1.2 Arbeitstechnische Bedingungen

Unter „Arbeitstechnische Bedingungen der Personalorganisation im Rahmen der Strukturplanung des Personalmarketing" ist die Summe aller Maßnahmen und Regelungen zu verstehen, die das Beziehungsgefüge des Personals zu den erforderlichen Arbeitsaufgaben der Organisation betreffen. Ihre Zielsetzung besteht in der „Anpassung der Arbeit an die anatomischen, physiologischen und psychologischen Gegebenheiten des arbeitenden Menschen" [34]. Analysiert man den Gesamtkomplex der arbeitstechnischen Bedingungen, so bilden sich folgende Schwerpunkte heraus:

- die Gestaltung der sachlichen Arbeitsbedingungen und
- die Gestaltung des Einflußsystems und der Zusammenarbeit.

Die Gestaltung der sachlichen Arbeitsbedingungen betrifft die mittelbare und unmittelbare Arbeitsumwelt des „Personals" und umfaßt im wesentlichen:

- die Raumaufteilung,
- die Arbeitsplatzgestaltung,
- die Arbeitsumweltgestaltung und
- die Arbeitszeitgestaltung.

Grundsätzlich kann gesagt werden, daß die Gestaltung der sachlichen Arbeitsbedingungen so erfolgen soll, daß sie keinen negativen Einfluß auf die menschliche Arbeitsleistung ausübt. Von fundamentaler Bedeutung für die Gestaltung der sachlichen Arbeitsbedingungen sind die Erkenntnisse der Arbeitswissenschaft.

Wenngleich zugegebenermaßen die Gestaltung der sachlichen Arbeitsbedingungen sich oft an technisch-ökonomischen Sachzwängen ausrichten muß – hier wird der Konflikt zwischen Leistung und Wirtschaftlichkeit einerseits und Humanisierung andererseits besonders deutlich – so muß hierzu jedoch bemerkt werden, daß die menschlichen Belange hierbei nicht außer acht gelassen werden dürfen, was besonders in vergangenen Epochen der Fall war. Die moderne personalpolitische Konzeption geht von der Überzeugung aus, daß die Mitte und das Maß aller sachlichen Gestaltungsmaßnahmen in Zukunft der Mensch sein muß. Auf dieser Grundhaltung aufbauend, versucht sie, unter Einbeziehung technologischer Sachzwänge und Wahrung des Bestandes der Organisation, die sachlichen Arbeitsbedingungen zu gestalten.

Die Gestaltung des Einflußsystems und der Zusammenarbeit erstreckt sich auf die Beeinflussung und Zueinanderordnung der arbeitenden Menschen. Die Notwendigkeit hierzu ergibt sich aus der Tatsache, daß die verschiedenen Organisationen, wie z. B. die Unternehmung, in aller Regel arbeitsteilig organisiert sind. Dies hat zur Folge, daß die Zwecksetzung der Organisation durch eine Vielzahl von – auf spezifische Aufgabenträger verteilte – Einzelaufgaben bestimmt wird. Die Koordination von Teilaufgaben auf einen gemeinsamen Zweck erfolgt durch Vorgabe von Anweisungen oder Vorschriften, d. h. durch Einflußnahme. Kompliziert wird dieser Vorgang häufig dadurch, daß keine Einigkeit über den gemeinsamen Zweck besteht. In diesem Fall bezieht sich dann die Einflußnahme auf den Vorgang der Zwecksetzung.

Die Einflußnahme in den möglichen Ausprägungen des Zwangs, der Überzeugung, des Überredens, der Manipulation und des Verführens versucht ein Individuum oder eine Gruppe auf ein bestimmtes Handlungsziel hin zu bewegen. Die Gestaltung des Einflußsystems kann erfolgen in Form des

- Liniensystems,
- Stab-Linien-Systems,
- Liniensystems mit Querverbindung,
- Funktionensystems und des
- Systems der überlappenden Gruppen („linking pin“) [35].

Diese organisatorischen Möglichkeiten der Einflußnahme beinhalten für die Mehrzahl der arbeitenden Menschen einen unterschiedlich reduzierten Handlungs- und Entscheidungsspielraum und werden in ihrer Gesamtheit dem Wesen und den Bedürfnissen arbeitender Menschen nicht gerecht. Deshalb muß es Aufgabe einer mitarbeiterorientierten Personalkonzeption (Personalmarketing) sein, neue Muster für die

Lösung der Einflußnahme und Zusammenarbeit zu entwickeln. In diesem Zusammenhang sei auf die Abkehr von der Verbürokratisierungstendenz hin zu neueren Formen der Zusammenarbeit, wie beispielsweise Gruppenforschung, Teamgeist, Partizipation etc., verwiesen.

Zusammenfassend läßt sich feststellen, daß die Aufgabe der Personalorganisation in der Vorgabe des rechtlichen und arbeitstechnischen Ordnungsgefüges und Handlungsrahmens besteht. Darauf aufbauend erfolgt die Planung der „Leistungen an Mitarbeiter" (vgl. Bild 11).

4.2.2 Leistungen an Mitarbeiter

Mittels einer umfangreichen Anreizpolitik wird versucht, relativ gerechte Relationen zwischen Leistungen und Verhalten sowie daraus resultierenden Entschädigungen herzustellen.

4.2.2.1 Anreizpolitik

Wie schon dargelegt, orientiert sich die Konzeption des Personalmarketing u. a. an den menschlichen Bedürfnissen und entwickelt darauf aufbauend personalpolitische Instrumente. In Erkenntnis der Vielzahl menschlicher Motive gilt es ein motivationsgerechtes Anreizsystem zu gestalten. Hierunter versteht man allgemein die Gesamtheit derjenigen Maßnahmen, Mittel und Institutionen, die die Organisation ihren Mitgliedern (Personal) als Anreiz für deren Beitragsleistung bietet [36]. „Ein Anreiz hat eine zweifache Funktion. Zum einen aktiviert er motiviertes Verhalten auf ein bestimmtes Ziel hin, zum anderen kann er, wenn das durch ihn für die motivierte Person wünschenswert gewordene Ziel erreicht wird, zur Zufriedenheit führen" [37]. Es wirkt jedoch nicht jeder Anreiz bei jedem Menschen gleich, da ihre Motive und ihr Anspruchsniveau verschieden sind. Die Motivationsforschung gibt Auskunft über Art, Richtung, Dauer und Intensität möglicher Anreize. Da die in der Arbeitshandlung selbst liegenden Anreize (intrinsische Arbeitsmotivation) infolge der arbeitsteiligen Spezialisierung und der produktionstechnischen Verfahren zu gering sind, bemüht man sich speziell um den Aufbau von Anreizen außerhalb der Arbeit (extrinsische Arbeitsmotivation). Vereinfachend lassen sich folgende wesentliche Anreizarten nennen:

- Entgelt (Lohn und Erfolgsbeteiligung) als Anreiz,
- Arbeit als Anreiz,
- Leistung als Anreiz,
- Aufstieg als Anreiz,
- Führungsstil als Anreiz [38].

Eine effiziente Gestaltung des Anreizsystems erfordert, daß die verschiedenen Anreize nicht schematisch eingesetzt werden, sondern daß dort, wo die Möglichkeit besteht, sie der individuellen Bedürfnislage des individuellen Mitarbeiters entsprechen.

Infolge ihrer besonderen Bedeutung werden im folgenden nur kurz die Entgelt- und Sozialleistungspolitik behandelt.

4.2.2.2 Entgeltpolitik

Unter Entgeltpolitik versteht man die Gestaltung der finanziellen Zuwendungen einer Organisation an seine Mitglieder, mit denen die Leistungen dieser vergütet werden. Die Entgeltpolitik beinhaltet somit Entlohnung und Erfolgsbeteiligung.

Lohnpolitik

Als Lohn bezeichnet man das Entgelt für menschliche Arbeitsleistungen. Die Lohnpolitik bezieht sich auf die Lohnhöhe, die Lohnform, die Entlohnungsverfahren und die Entlohnungsmodalitäten.

Wenngleich zahlreiche empirische Untersuchungen erwiesen haben, daß die Lohnpolitik nicht das entscheidende personalpolitische Instrument darstellt, sondern die Mitarbeiter Aufgabenstellung, Aufstiegs- und Weiterbildungsmöglichkeiten, Mitsprache, Mitwirkung und Information etc. stark bewerten, so bedeutet dies nicht, daß die Lohnpolitik zur Bedeutungslosigkeit herabgesunken ist. Auch im Rahmen der personalpolitischen Instrumente des Personalmarketing stellt die Lohnpolitik einen wichtigen Faktor dar. Sie ist allerdings immer im Zusammenhang mit den übrigen Instrumenten zu betrachten und zu gestalten, und ihre Gewichtung ist relativ, d. h. von der spezifischen Situation und Bedürfnisstruktur des einzelnen Mitarbeiters abhängig. Im Rahmen des Personalmarketing muß unter Berücksichtigung der Anforderungen und des Schwierigkeitsgrades der Arbeit sowie der individuellen Leistung versucht werden, eine möglichst objektive Bemessung des Lohnes und Festlegung des Lohngefüges zu erzielen. Darüber hinaus sollten die Lohnrelationen transparent gemacht und die Mitarbeiter an dem lohnpolitischen Entscheidungen beteiligt werden. Nur dann ist es möglich, die gerade im Bereich der Lohnpolitik im Laufe der Zeit angesammelten vielen Ressentiments und das starke Mißtrauen abzubauen und die Lohnpolitik zu einem echten mitarbeiterorientierten personalpolitischen Instrument zu gestalten.

Erfolgsbeteiligung

Den zweiten Teilbereich der Entgeltpolitik stellt die Beteiligung der Mitarbeiter an bestimmten Erfolgsgrößen dar. Von Erfolgsbeteiligung spricht man dann, wenn alle

Mitarbeiter oder ein Teil an einer meßbaren Erfolgsgröße in Form finanzieller Zuwendungen, die über die individuellen Leistungsentgelte hinausgehen, beteiligt werden. Die beiden Hauptformen sind die Ertrags- und die Gewinnbeteiligung.

Als wichtigste Zielvorstellungen der Erfolgsbeteiligung können genannt werden:

- Steigerung der quantitativen und qualitativen Mitarbeiterleistung,
- Verbesserung der Zusammenarbeit,
- Förderung des Mitdenkens und der Verantwortung,
- Schaffung, Gewinnung und Erhaltung eines qualifizierten Mitarbeiterstammes,
- Erhöhung der Zufriedenheit der Mitarbeiter,
- Koordination der Mitarbeiterinteressen mit den Unternehmenszielen.

Diese wichtigen Zielsetzungen sowie die gesellschaftspolitische Relevanz der Erfolgsbeteiligung lassen es gerechtfertigt erscheinen, die Erfolgsbeteiligung der Mitarbeiter als ein bedeutendes personalpolitisches Instrument zu bezeichnen. Das Personalmarketing sollte bemüht sein, dieses Instrument effizienter, durchschaubarer, mit neuen Wegen und vor allen Dingen für alle Mitarbeiter einzusetzen.

4.2.2.3 Sozialleistungspolitik

Die Sozialleistungspolitik beinhaltet alle Entscheidungen und Maßnahmen, die die Gewährung und Entziehung von freiwilligen monetären oder nicht monetären Zuwendungen der Organisation an die Mitarbeiter zum Gegenstand haben. Es handelt sich hierbei um Personalaufwendungen, die über die Entgeltpolitik hinausgehen und nicht durch Gesetz oder Tarifvertrag vorgeschrieben sind, wie beispielsweise zusätzliche Altersversorgung, Gesundheitswesen, Einrichtung von Kindergärten, Vermittlung von Wohnungen, Anlage von Sportplätzen und Sporteinrichtungen, Leistungen zu bestimmten familiären Anlässen, Betriebsfeiern etc.

Zu bemerken ist hierzu, daß die freiwilligen Sozialleistungen nur dort ergänzend eingesetzt werden sollen, wo die umfangreichen staatlichen Sozialleistungen nicht ausreichen.

Ferner erfordert eine mitarbeiterorientierte Personalpolitik genaue Informationen darüber, inwieweit die zusätzlichen Sozialleistungen von den Mitarbeitern tatsächlich erwünscht sind. Hier empfiehlt es sich, die Mitarbeiter an den Entscheidungen über derartige Maßnahmen zu beteiligen, um sicher zu stellen, „daß die eingesetzten finanziellen Mittel nicht wirkungslos versickern, sondern die Mitarbeiter in den Betrieb integrieren und ihnen nützen“ [39].

Zusammenfassend kann festgestellt werden, daß die „Leistungen an Mitarbeiter" die Gesamtheit aller Entscheidungen und Maßnahmen umfassen, die die Struktur der monetären und nicht monetären Zuwendungen und Anreize der Organisation betreffen, mit der Zielrichtung, beim Mitarbeiter eine bestimmte Leistung und ein erwünschtes Verhalten entweder zu entschädigen und/oder, wenn noch nicht vorhanden, zu wecken und zu fördern sowie Zufriedenheit zu erzeugen.

Die Strukturplanung kann abschließend als umfassendes Ordnungsgefüge bezeichnet werden, das die Beziehungen zwischen Organisation und Personal (Gesamtheit der Mitarbeiter), Mitarbeiter und Mitarbeiter, Mitarbeiter und Aufgabe, Mitarbeiter und Leistung sowie entsprechenden Anreizen und Entschädigungen regelt.

4.3 Personalführung

Die Aufgabe der Personalführung besteht darin, die vorgegebene statische Strukturplanung zu dynamisieren und die Ziele der Organisation anzustreben. Personalführung bedeutet die Summe aller Maßnahmen, die dazu dienen sollen, im Rahmen der Strukturplanung die Aufgaben der Organisation zu erfüllen. Die Grenzen beider personalpolitischer Instrumente – Strukturplanung und Personalführung – sind jedoch nicht als starr zu betrachten, sondern sie beeinflussen sich wechselseitig. Zum Zwecke besserer Analyse und Erklärung beider Phänomene ist es jedoch ratsam, sie getrennt zu behandeln.

„Träger der Personalführung sind die unmittelbaren Vorgesetzten der jeweils nachgeordneten Mitarbeiter, die ihrerseits wieder Vorgesetzte sein können" [40]. Daraus geht deutlich hervor, daß zum einen die Aufgaben der Personalführung nicht auf eine bestimmte Ebene der Organisation beschränkt sind, sondern die ganze Organisation vertikal und horizontal durchziehen, und zum anderen, daß über die Personalführung nur mittelbar durch die Personalabteilung bestimmt wird. Sie ist in weitaus größerem Maße ein Anliegen im Management der Linie.

Im Rahmen des Personalmarketing besteht die Aufgabe der Personalführung darin, mitarbeiterorientierte Führungsstile, Informations- und Beurteilungskonzepte zu entwickeln, diese allen Mitarbeitern bekannt zu geben, sie in ihnen entsprechend zu schulen und die Durchführung und Einhaltung ständig zu überwachen.

4.3.1 Führungsstil

Führen heißt, jemandem eine Richtung auf ein Ziel weisen, jemand in Bewegung auf ein Ziel halten [41]. Die in Theorie und Praxis anzutreffenden verschiedenen Formen

Kriterien / Führungsstil	autoritär	bürokratisch	patriarchalisch	kooperativ	Laissez-faire
Die Beschäftigten werden betrachtet als	Maschinen	anonyme Faktoren	Kinder	Mitarbeiter	isolierte Individuen
Autorität und Macht des Vorgesetzten wird hergeleitet von	Hierarchie	Apparat	Vater	persönliches Können und Aufgabe	Mitarbeiter
Entscheidungen werden getroffen durch	Befehl	schriftliche Anweisungen und Vorschriften	anordnende Aufklärung	Anhören und Überzeugen der Mitarbeiter	Abstimmungen
Die Information geht aus	von der Spitze	formelle Wege, überwiegend von oben nach unten	wohlwollend von oben	von oben, von unten, auch Quer- und Schräginformation	zufällig
Aufsicht und Kontrolle	Totalkontrolle	durch Berichte u. schriftl. Überprüfungen	nach Gefühl	durch den Vorgesetzten	Selbstkontrolle
Schwerpunkt der Motivation	Angst	Anweisungen und Vorschriften	Abhängigkeit	Bürger im Betrieb	Freiheit
Anwendungsgebiet	Diktaturen	starre Verwaltungen	Gutshof	moderne Unternehmen und Verwaltungen	Forscherteams

Bild 12 Kriterien der Führungsstile [42)]

des Führens, die sogenannten Führungsstile, lassen sich prinzipiell auf unterschiedliche Welt-, Gesellschafts- oder Menschenbilder zurückführen. Grundsätzlich lassen sich zwei völlig entgegengesetzte Führungsstile – mit zahlreichen Varianten – unterscheiden:

- der autoritäre und
- der kooperative Führungsstil.

Es würde den Rahmen dieses Buches sprengen, die einzelnen Führungsstile detailliert zu behandeln. Für die Themenstellung sowie die weiteren Ausführungen genügt eine schematische Darstellung (Bild 12) der verschiedenen Kriterien der einzelnen Führungsstile.

Eine generelle Wertung der einzelnen Führungsstile ist sehr problematisch, da ihre spezifische Relevanz abhängig ist vom vorherrschenden Welt-, Gesellschafts- oder Menschenbild und den relevanten Umweltfaktoren eines bestimmten Raumes. In jeder pluralistischen Gesellschaft wird die Anwendung eines idealtypischen Führungsstils nicht allen Mitgliedern gerecht werden. Weitere Schwierigkeiten für Auswahl und Dauer spezieller Führungsstile ergeben sich aus der Dynamik der Einflußfaktoren.

Das Personalmarketing als mitarbeiterorientierte Personalkonzeption verstanden sowie die aufgezeigten Unterscheidungsmerkmale lassen jedoch – zumindest für unseren nationalen Raum – tendenziell den Schluß zu, daß der kooperative Führungsstil besser geeignet ist, den Erfordernissen und Erwartungen emanzipierter und selbstbewußter Mitarbeiter zu entsprechen. Er bietet den Mitarbeitern die Möglichkeit der Partizipation, erhöht Leistung und Zufriedenheit und leistet damit einen wesentlichen Beitrag zur Erhöhung des Wertes der Arbeitsplätze sowie des Images der Organisation auf dem Arbeitsmarkt.

4.3.2 Information des Personals

Zielorientierte Leistungen und Verhaltensweisen des Personals und dessen Zufriedenheit erfordern eine entsprechende Informationspolitik der Organisation. „Informieren ist das Vermitteln von Wissen, wobei vorausgesetzt wird, daß der Informationsempfänger dieses Wissen nicht besitzt“ [43].

„Personalpolitische Entscheidungen für das Instrument Informationspolitik beziehen sich auf

- die Auswahl der Informationsinhalte,
- die Wahl des Kommunikationsweges,
- die Wahl der Kommunikationsform,

- die Wahl des Informationszeitpunktes,
- die Auswahl der Informationsadressaten,
- die Ausformung des Informationsinhaltes" [44].

Im Rahmen dieses Buches kann nur auf die Ursachen der Notwendigkeit informationspolitischer Maßnahmen kurz eingegangen werden. Diese sind in gesetzlichen Regelungen, freiwilligen Vertragsbestimmungen, in den Bedürfnissen des Personals und den Anforderungen an die Unternehmung zu sehen.

Von besonderer Bedeutung für informationspolitische Entscheidungen sind, unter dem Gesichtspunkt des Personalmarketing, die Bedürfnisse des Personals nach Informationen und somit deren Inhalte, d. h., es gilt die Art der Informationswünsche der Mitarbeiter zu erforschen und entsprechend zu befriedigen. Hierzu läßt sich aufbauend auf der Motivationstheorie aussagen, daß Informationen

- dem Bedürfnis nach Kontakt,
- dem Sicherheitsstreben und
- dem Bedürfnis nach Selbstverwirklichung und Sinngebung

dienen [45]. Mit beeinflußt wird die Befriedigung dieser Bedürfnisse durch Informationen über

- den Arbeitsplatz,
- die Umgebung des Arbeitsplatzes,
- persönliche Angelegenheiten,
- die wirtschaftliche Lage der Unternehmung,
- die Ziele der Unternehmung und
- die Unternehmung im allgemeinen.

Die Informationspolitik des Personalmarketing bezieht sich nicht nur auf den internen, sondern auch auf den externen Arbeitsmarkt. Die Vermittlung obengenannter Informationen ermöglicht es potentiellen Mitarbeitern, sich ein Bild über die Unternehmung zu machen und eventuell dieser beizutreten.

Hier sei noch bemerkt, daß die Informationspolitik zwar alle Mitarbeiter der Organisation umfassen, jedoch nach Möglichkeit die einzelnen individuellen Informationswünsche berücksichtigen sollte, d. h., jedem Mitarbeiter sollten alle die Informationen übermittelt werden, die er benötigt und wünscht.

Zusammenfassend läßt sich feststellen, daß die Informationspolitik insofern ein wesentliches personalpolitisches Instrument darstellt, als sie – quantitativ und qualitativ richtig gehandhabt – geeignet ist, Leistung und Zufriedenheit zu wecken und zu fördern und somit zum Wohl des Menschen als auch der Organisation gereicht.

4.3.3 Mitarbeiterbeurteilung

Personalführung ist ohne Mitarbeiterbeurteilung nicht denkbar, denn alle personalpolitischen Entscheidungen stützen sich auf subjektiv und/oder objektiv gefundene Wertungen des Personals. Will man sich nicht mit unsachlichen, subjektiven und ungenauen Angaben über die Mitarbeiter zufriedengeben, so ist es erforderlich, die Mitarbeiterbeurteilung zu einem möglichst sachlichen, objektiven und genauen Instrument zu gestalten, das insbesondere folgenden Zwecken dienen kann:

- als Kriterium der Entgeltdifferenzierung,
- als Grundlage personeller Auswahlentscheidungen (Beförderung, Versetzung, Entlassung).
- zur Orientierung in der Beratung und Behandlung des Mitarbeiters,
- zur Kontrolle der Wirksamkeit personalorganisatorischer Maßnahmen,
- der Selbstkritik oder Rechtfertigung sowie als Ausgangspunkt für
- die weitere Selbstentwicklung des Mitarbeiters [46].

Für die Aussagefähigkeit, Objektivität, Vergleichbarkeit und Effizienz der Mitarbeiterbeurteilung bedarf es einheitlicher Bewertungsmerkmale. Diese dienen als notwendige, hinreichend definierte Beschreibungsbegriffe für alle Mitarbeiter (Bild 13). Die Beschreibungsbegriffe, als Hilfsmittel verstanden, erleichtern die Personalbeurteilung im Hinblick auf Verständlichkeit, Vergleichbarkeit und Durchführbarkeit.

Diesen Zielsetzungen dienen auch – abgesehen von der globalen, unsystematischen Zufallsbeurteilung – grundsätzlich vier verschiedene methodische Verfahren:

„(1) Die freie Persönlichkeitsschilderung in der Form einer zwanglos beschreibenden Skizze.

(2) Der Personalfragebogen, bei dem eine freie Kennzeichnung, aber nach verschiedenen Fragen untergliedert, vorgenommen werden soll.

(3) Der analytische Personalbeschreibungsbogen in begrifflicher Formulierung.

(4) Der analytische Personalbeschreibungsbogen in umschreibender Formulierung“ [48].

Jede dieser Möglichkeiten hat Vor- und Nachteile, die hier nicht einzeln aufgezeigt werden können. Es sei jedoch bemerkt, daß die Verfahren so gestaltet sein sollten, daß sie für jeden Beurteiler und Beurteilten einsichtig und verwendbar sind.

Merkmalsanalyse

(1) Funktionen und Fähigkeiten

a) körperliche
Körperkraft
Körpergeschick
Handgeschick
Arbeitstempo

b) geistig – intellektuelle
Auffassungsgabe
Beweglichkeit des Denkens
Selbständigkeit des Urteils
Fachwissen
Gedächtnis

(2) Willensstruktur

a) Vitalität (Energiereserven, Belastbarkeit, Stehvermögen)

b) Dynamik (Aktivität, Initiative, Arbeitsbereitschaft)

c) Steuerung (Selbstdisziplin, Arbeitsplanung, Zielverfolgung)

(3) Mitmenschliche Wirkung

a) Zusammenarbeit

b) Persönliche Wirkung
als Vorgesetzter
im Außendienst

Bild 13 Bewertungsmerkmale der Mitarbeiterbeurteilung [47)]

Die Aufgabe der Personalfachkräfte besteht nun nicht darin, die Personalbeurteilung eigenverantwortlich durchzuführen, sondern vielmehr in

- der Entwicklung einer systemspezifischen Personalbeurteilungsmethode,
- der Gewinnung der Einsicht aller Mitarbeiter (der beurteilenden und der beurteilten) für die Notwendigkeit einer systematischen, objektiven Kriterien entsprechenden Mitarbeiterbeurteilung,
- der Schulung der Beurteiler in der Durchführung der Personalbeurteilung sowie des Beurteilungsgesprächs,
- der Auswertung der Beurteilungen (Aussagefähigkeit und daraus resultierende Folgen),
- der ständigen Überprüfung und Überwachung des Personalbeurteilungssystems sowie dessen Durchführung.

In jeder Organisation, in der Menschen sich begegnen und zusammenarbeiten, ist ein ständiger – gewollter oder ungewollter – Prozeß des Beurteilens vorzufinden. Diesen zum Wohl der Organisation und speziell der Mitarbeiter anhand objektiver Kriterien umzugestalten, ist u. a. Zielsetzung des Personalmarketing.

4.4 Personalplanung

„Unter ‚Planen' versteht man allgemein das systematische Vorausbestimmen zukünftigen Verhaltens; vom bloßen Prognostizieren unterscheidet sich das Planen dadurch, daß nicht nur wie bei der Prognose ein Vorauserkennen zukünftiger Geschehnisse beabsichtigt ist, sondern eine Wahl unter mehreren Möglichkeiten des eigenen Verhaltens"[49].

Gegenstand der Personalplanung sind die innerhalb der Organisation benötigten menschlichen Arbeitsleistungen. Wenn auch im Rahmen der Personalplanung die Leistung der Mitarbeiter im Vordergrund steht, so darf ihr Träger, der Mensch als Individuum, nicht unberücksichtigt bleiben, d. h. es sind menschliche Daten zu beachten. Deshalb ist es auch für die Personalplanung ratsam, die Erkenntnisse angrenzender wissenschaftlicher Disziplinen wie Betriebssoziologie, Betriebspsychologie, Arbeitsphysiologie und Arbeitsmedizin zu berücksichtigen.

Die Aufgabe der Personalplanung besteht ferner darin, die personalpolitischen Zielsetzungen, ausgehend von den Zielen der Organisation, mit den übrigen Teil- und Einzelplänen abzustimmen und zu koordinieren und in die Gesamtplanung der Organisation zu integrieren, „so daß schließlich ein zusammenhängendes überblickbares und steuerbares Planungssystem entsteht"[50].

Wie jede Planung, so ist auch die Personalplanung auf die Zukunft gerichtet. Dieser Zukunftsbezug bedingt die Unsicherheit der Erfüllung personalpolitischer Erwartungen. Deshalb soll vor Festlegung und Konkretisierung der Personalplanung überprüft werden, welche Realisierungsmöglichkeit ihr zukommt und wie groß der Unsicherheitsfaktor und das verbleibende Risiko sind. Die Planungsrisiken können darauf beruhen, daß gewisse von der Organisation nicht beeinflußbare Rahmenbedingungen falsch eingeschätzt werden oder daß erwartete Wirkungen personalpolitischer Maßnahmen nicht eintreten, aber auch in den menschlichen Unzulänglichkeiten der Planungsträger. Diese Planungsrisiken sind einzuplanen und nach Möglichkeit zu verringern.

Unabhängig von den verschiedenen Anlässen der Personalplanung können vor allem folgende Aufgabenbereiche unterschieden werden:

- Personalbedarfsplanung,
- Personalbeschaffungsplanung,
- Personaleinsatzplanung,
- Ausbildungs- und Laufbahnplanung.

4.4.1 Personalbedarfsplanung

Grundlage jeder Personalplanung ist der Bedarf an Mitarbeitern. Dieser wird in quantitativer, qualitativer und zeitlicher Hinsicht durch die von der Organisation angestrebten Leistungen sowie den Arbeitsleistungen der Mitarbeiter bestimmt. Je genauer die Bedarfsermittlung entsprechend den genannten Dimensionen erfolgt, um so geringer ist das Risiko personalpolitischer Entscheidungen. Daraus folgt, daß die Personalbedarfsplanung nur dann effizient und risikomindernd durchgeführt werden kann, wenn

„(1) der Personalbedarf durch sorgfältige Analysen und Prognosen systematisch ermittelt wird,

(2) sich diese Ermittlungen schriftlich in einem ausführungsreichen, detaillierten, quantitativ und qualitativ durchgearbeiteten Programm fixieren lassen,

(3) ein Rahmenplan auf längere Sicht besteht, der kurzfristig neu aufgestellt wird“ [51].

Analysiert man den Gesamtkomplex der Personalbedarfsplanung, so lassen sich folgende Teilaufgaben unterscheiden:

- die Ermittlung der Haupteinflußfaktoren des personalen Leistungsbedarfs,
- die Ermittlung des quantitativen Personalbedarfs,
- die Ermittlung des qualitativen Personalbedarfs,
- die Ermittlung des zeitlichen Personalbedarfs und
- die Ermittlung des personalen Leistungsbudgets.

Da eine weitere, ausführliche Behandlung des komplexen Bereiches der Personalbedarfsplanung für die Themenstellung des Buches nicht erforderlich erscheint, wird an dieser Stelle nur auf relevante Literatur verwiesen.

Abschließend sei hierzu jedoch noch bemerkt, daß die Ermittlung des Personalbedarfs nicht nur unter Berücksichtigung technisch-ökonomischer Sachzwänge erfolgen darf, sondern – da er unmittelbar von der Leistung der Mitarbeiter abhängig ist – unter Einbezug aller personalpolitischen Maßnahmen, die auf die menschliche Arbeitsleistung Einfluß nehmen.

4.4.2 Personalbeschaffungsplanung

Die Personalbeschaffungsplanung beinhaltet alle Entscheidungen und Maßnahmen, die der Deckung des erforderlichen Personals dienen. Da die Personalbeschaffung ausführlicher in Teil II (s. S. 61 ff.) behandelt wird, kann hier auf weitere Darlegungen verzichtet werden.

4.4.3 Personaleinsatzplanung

„Die Personaleinsatzplanung legt die quantitative, qualitative und zeitliche Einordnung der vorhandenen personellen Kapazitäten unter Berücksichtigung der Zwecke und Ziele des Betriebes (der Organisation, Anm. d. Verf.) fest“ [52].

Als Teilbereiche der Personaleinsatzplanung können bezeichnet werden:

- die Integration der Mitarbeiter in die Organisation und
- die Zuordnung von Mensch und Arbeitsaufgabe.

Das Ergebnis der Planung des Personaleinsatzes – auf der Grundlage des Organisations- und Stellenplanes – wird im Stellenbesetzungsplan festgehalten.

Die Personaleinsatzplanung muß anhand der Personaleinsatzkontrolle ständig überprüft werden.

Unter dem Gesichtspunkt des Personalmarketing darf die Personaleinsatzplanung nicht nur eine größtmögliche Ergiebigkeit der menschlichen Arbeitsleistung anstreben, sondern muß darüber hinaus auch die Zufriedenheit der Mitarbeiter berücksichtigen. Hierunter ist zu verstehen, daß die Einsatzplanung nach Möglichkeit unter Einbezug der individuellen Anlagen und Wünsche erfolgen soll. Praktisch realisierbar ist diese Forderung durch zielgerichtete Auswahl sowie Maßnahmen wie beispielsweise Arbeitsplatzwechsel, „job enlargement“, Gruppenzusammensetzung, Vertretung und variable Arbeitszeit. Ferner sind die vielfältigen Beziehungen mit wechselseitigen Abhängigkeiten zwischen der Personaleinsatzplanung, den übrigen Personalplanungen, den personalpolitischen Instrumenten und anderen Teilplanungen zu beachten.

4.4.4 Ausbildungs- und Laufbahnplanung

Die Ausbildungsplanung der Organisation umfaßt alle Maßnahmen und Tätigkeiten, die auf die Erweiterung des Wissens, der Fertigkeit oder Verhaltensweisen der Mitarbeiter gerichtet sind. Grundsätzlich kann man unterscheiden zwischen Aus-, Weiter- und Fortbildung [53] sowie entsprechend den Gruppen der Ausbildungsteilnehmer in Ausbildung Auszubildender, Ausbildung nicht leitender und leitender Mitarbeiter sowie der Ausbilder (Bild 14).

Die Ausbildungsmaßnahmen können unmittelbar am Arbeitsplatz und/oder außerhalb des gegenwärtigen oder zukünftigen Arbeitsplatzes erfolgen.

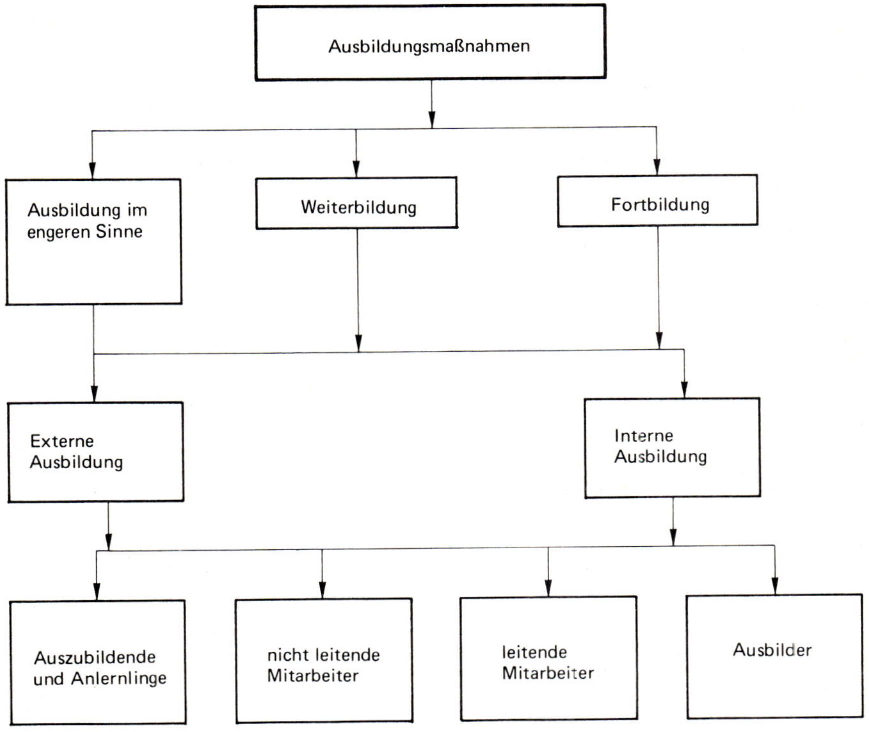

Bild 14 Bereiche der Ausbildungsplanung

Die Ausbildungsplanung beschäftigt sich vor allem mit folgenden Problemen:

- Feststellung der Ausbildungsbedürfnisse,
- Ermittlung der Ausbildungsinhalte,
- Vorgabe der Ausbildungsziele,
- Auswahl der Ausbildungsteilnehmer,
- zeitliche Abstimmung der Ausbildung,
- Wahl der Ausbildungsmethode und
- Planung der Erfolgskontrolle der Ausbildungsmaßnahmen.

Der Erfolg der Ausbildungsmaßnahmen wird nur dann zufriedenstellend sein, wenn sie in ein sinnvolles, geschlossenes Ausbildungskonzept eingebettet sind.

Dies bedeutet, daß Ausbildung von der Organisation nicht zufällig, von Fall zu Fall durchgeführt werden darf, sondern systematisch in die gesamte langfristige Ausbildungsplanung integriert und koordiniert sein muß. Nur dann werden die an Ausbildungsmaßnahmen teilnehmenden Mitarbeiter die Zusammenhänge der einzelnen Ausbildungsschritte erfassen und verwerten können.

Alle ausbildungspolitischen Entscheidungen sind jedoch wirkungslos, wenn sie nicht auf eine entsprechende Lernbereitschaft der Mitarbeiter treffen. Von der Organisation her kann diese Lernbereitschaft der Mitarbeiter positiv beeinflußt werden, indem sie über Notwendigkeit, Sinn und Zweck der Ausbildungsmaßnahmen informiert und aufgeklärt werden. Dem Mitarbeiter muß dadurch das Gefühl und die Einsicht vermittelt werden, daß die Ausbildung nicht nur der Organisation, sondern auch ihm dient. Diese positive Einstellung wird um so eher zu erzielen sein, je besser die Ausbildungspolitik mit den übrigen personalpolitischen Instrumenten abgestimmt und in das Personalmarketing integriert ist (z. B. mit der Laufbahnplanung).

Darüber hinaus kann die Lernbereitschaft durch Vermittlung nicht nur berufs- und unternehmensspezifischer, sondern auch allgemeinbildender Ausbildungsinhalte sowie durch Förderung und Unterstützung von individuell gewählten Ausbildungsprogrammen (z. B. externe Fort- und Weiterbildungskurse) positiv beeinflußt werden.

Laufbahnplanung

Unter Laufbahn versteht man allgemein die Abfolge von Stellen, die ein Mitarbeiter während seiner Zugehörigkeit zu einer Organisation innehat. In aller Regel ist damit eine generelle Verbesserung, ein Aufstieg verbunden. Laufbahnplanung bedeutet dann die Festlegung der zukünftigen Laufbahn. Diese soll nicht mehr zufällig erfolgen, sondern bewußt auf längere Sicht im voraus bestimmt werden.

Das Laufbahnbewußtsein ist nicht bei allen Menschen vorhanden oder gleich ausgeprägt. Es wird zum einen beeinflußt von

- der Persönlichkeitsstruktur des einzelnen,
- der sozialen Herkunft des Menschen,
- der sozialen Beeinflussung des Menschen,
- den wirtschaftlichen Gegebenheiten.

Zum anderen durch die in der Organisation vorhandenen Aufstiegschancen. Diese betreffend, muß man unterscheiden:

„– zwischen den Chancen, wie sie objektiv, angesichts der Führungspyramide, der Altersstruktur, der Expansion und der Fluktuationsrate in einer Organisation bestehen

– und den Chancen, wie sie subjektiv vom Mitarbeiter vermutet werden und die etwa – bei objektiv gleicher Lage – für Pessimisten anders als Optimisten aussehen“ [54].

Darüber hinaus muß der Mitarbeiter der Meinung sein, daß bei der Laufbahnentscheidung die erbrachte Leistung und das gezeigte Verhalten starke Berücksichtigung finden.

Auf der Grundlage dieser Erkenntnisse besteht die Aufgabe der Laufbahnplanung in:

- der Festlegung und Darstellung von Laufbahnlinien [55],
- der Ermittlung von Laufbahnkriterien (Laufbahneignung),
- der Integration des Personalbeurteilungssystems und
- der Ausbildungsplanung in die Laufbahnplanung,
- der Vorgabe von Richtlinien für die Information der Mitarbeiter über das Laufbahnsystem und
- der Abstimmung mit der Strukturplanung und Personalführung.

Unter dem Gesichtspunkt des Personalmarketing dienen die Ausbildungs- und Laufbahnplanung vor allem der Befriedigung der Bedürfnisse nach Wertschätzung und Selbstverwirklichung sowie dem Sicherheitsstreben. Richtig eingesetzt, d. h. alle Mitarbeiter umfassend und von diesen überprüfbar, erscheinen sie geeignet, Leistung und Zufriedenheit zu erhöhen sowie der Organisation Anwerbungsvorteile auf dem externen Arbeitsmarkt zu verschaffen.

4.5 Public und Internal Relations

4.5.1 Public Relations (Öffentlichkeitsarbeit)

Unter Public Relations oder Öffentlichkeitsarbeit versteht man „das bewußte, geplante und dauernde Bemühen, gegenseitiges Verständnis und Vertrauen in der Öffentlichkeit aufzubauen und zu pflegen“ [56]. Die Zielsetzung der Öffentlichkeitsarbeit einer Organisation besteht darin, Meinungen, Ansichten, Stimmungen und Vorstellungsbilder über die betreffende Organisation zu schaffen oder zu ändern [57].

Public Relations-Maßnahmen unterstützen die Unternehmensleitung in Erreichung des Unternehmenszieles. Dabei ist zu beachten, daß durch Public Relations nicht irgendein Image geschaffen wird, sondern PR-Maßnahmen reproduzieren die spezifische Situation des Unternehmens und werben für Verständnis und Vertrauen in der Öffentlichkeit, d. h., PR-Maßnahmen suchen zwar immer das Positive, aber sie können Negatives nicht in Positives verändern [58]. Um der PR-Zielsetzung langfristig gerecht werden zu können, müssen alle PR-Maßnahmen den Maximen der

- Wahrheit,
- Klarheit und
- Einheit von Wort und Tat [59]

entsprechen. Daraus geht hervor, daß eine wirkungsvolle Öffentlichkeitsarbeit nur durch wahre, verständliche und den Gegebenheiten entsprechende Informationen möglich ist.

Public Relations-Maßnahmen sind auf allen Tätigkeitsgebieten der Organisation möglich und notwendig. Public Relations sprechen die „Öffentlichkeit als Ganzes“ [60] an und sind nicht auf den Absatzbereich beschränkt (Bild 15).

Für den Personalbereich versuchen sie Verständnis und Vertrauen für die personalpolitischen Entscheidungen und Maßnahmen zu erzielen. Die Public Relations-Aktivitäten können dabei sowohl allgemeiner Art als auch personalspezifisch gestaltet sein. Personalspezifisch gestaltet informieren sie die Öffentlichkeit über die Personalkonzeption und die personalpolitischen Instrumente der Organisation mit dem Zweck, der Organisation als Arbeitgeber und Arbeitsplatz in der Öffentlichkeit einen guten Ruf zu gewinnen.

Durch entsprechende Public Relations-Maßnahmen können sich positive Auswirkungen auf die Zielsetzung des Personalbereichs ergeben. So kann z. B. eine

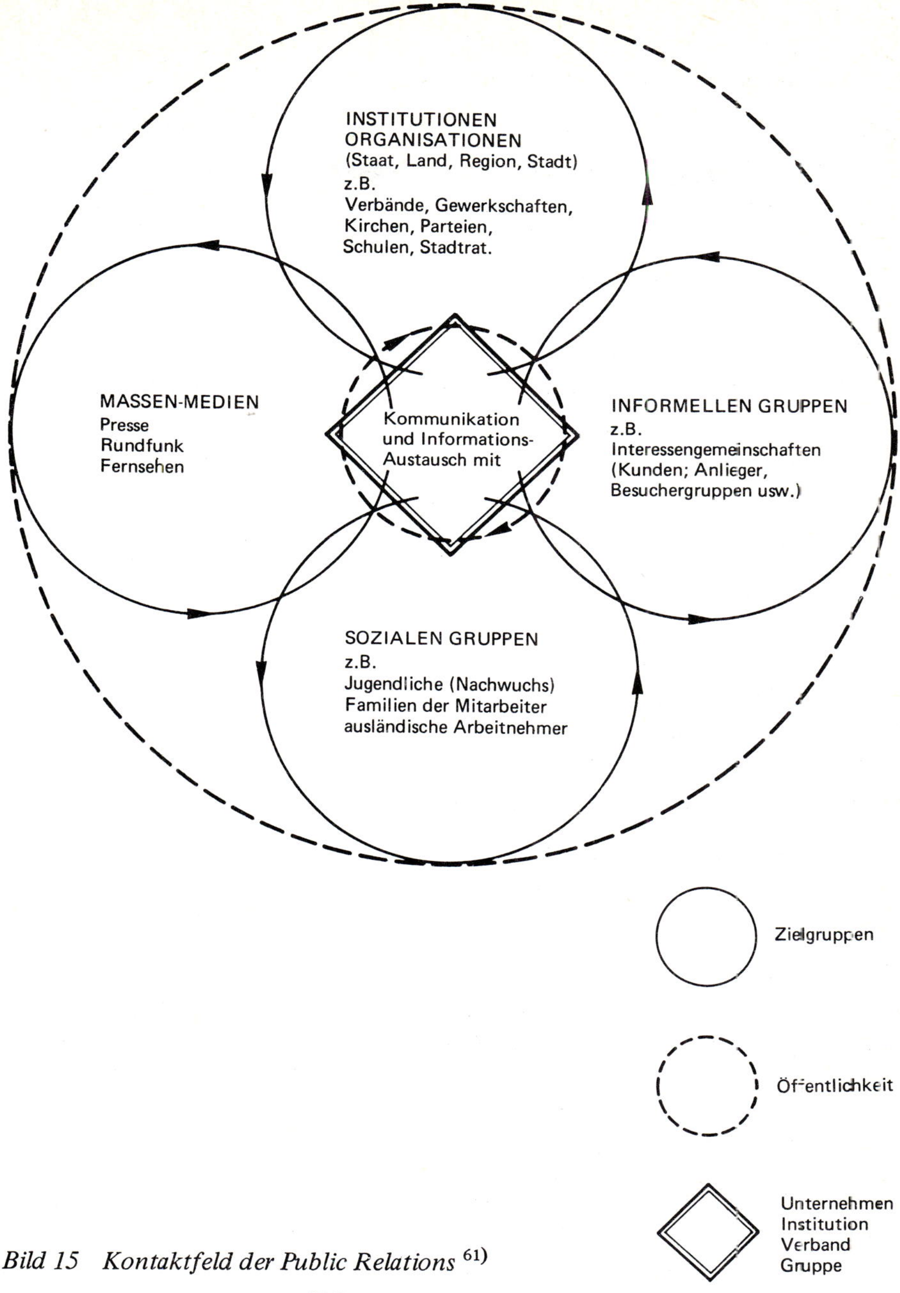

Bild 15 Kontaktfeld der Public Relations [61)]

bestimmte Unternehmung durch einen guten öffentlichen Ruf einen Wettbewerbsvorsprung auf dem externen Arbeitsmarkt genießen und dadurch Nachwuchskräfte oder sonstige geeignete Mitarbeiter gewinnen.

Maßnahmen zur Gewinnung eines guten öffentlichen Rufes können sein:

- spezielle PR-Anzeigen,
- Kundenzeitschrift,
- eigene Zeitschrift,
- attraktive Gestaltung von Geschäfts- und Jahresberichten,
- Ausgabe von Jubiläumsschriften,
- Herausgabe von Sozialberichten,
- Informationsschrift über die Organisation,
- Pflege guter Verbindungen zu den Massen-Medien,
- Kontakte zu Behörden, Verbänden, Gewerkschaften, Schulen etc.
- rasche und sorgfältige Beantwortung von Bewerbungen,
- Betriebsbesichtigung,
- „Tag der offenen Tür",
- Besucherbetreuung,
- Vertretungen auf Ausstellungen, Messen, Tagungen,
- Gesamtdarstellung der Organisation nach außen,
- Imagebildung durch die Mitarbeiter,
- Stiftungen,
- Errichtung von Sportstätten und Sportförderung,
- Förderung wissenschaftlicher Vorhaben,
- Veröffentlichung von Ansprachen,
- Imagebildung durch Umweltbeeinflussung.

Eine effiziente Public Relations-Arbeit erfordert eine exakte Abstimmung und Koordination der ausgewählten PR-Maßnahmen mit der Public Relations-Zielrichtung (-Politik) der Organisation, damit sich die einzelnen PR-Aktivitäten in ihrer Wirkung nicht gegenseitig aufheben, sondern verstärken.

4.5.2 Internal Relations

Gegenstand der Internal Relations [62] sind die Beziehungen zwischen der Organisation und der Gesamtheit der Mitarbeiter. Sie versuchen, die von allen personalpolitischen Instrumenten und deren Kombination geschaffene Einstellung der Mitarbeiter der

Organisation gegenüber positiv zu beeinflussen und zu verstärken, d. h., sie werben um Verständnis für die Notwendigkeiten der Organisation sowie um Einsicht in die getroffenen personalpolitischen Entscheidungen. Darüber hinaus suchen sie ein partnerschaftliches und freundschaftliches Verhältnis zwischen Organisation und Mitarbeiter zu schaffen.

Gute interne Beziehungen sind u. a. zu erzielen durch:

- die Schaffung einer Vertrauensatmosphäre,
- Erklärungen über bestimmte Einstellungen und Verhaltensweisen der Organisationsleitung,
- regelmäßige Mitarbeiterversammlungen,
- persönliche Beratung der Mitarbeiter,
- Einrichtung von Sprechstunden,
- schnelle und zuverlässige Erledigung personeller Angelegenheiten,
- Vorträge und Diskussionen,
- Freizeitgruppen,
- ein funktionsfähiges Vorschlagswesen,
- Zeit- und Informationsschriften der Organisation,
- gute Zusammenarbeit mit den Mitarbeitervertretungen,
- Betreuung der Jubilare, Kranken und Pensionäre,
- Feste und Feiern bei besonderen Anlässen.

Die Internal Relations als selbständiges personalpolitisches Instrument können ihre Verstärkungsfunktion im Hinblick auf die personalpolitische Zielverwirklichung nur dann erfüllen, wenn sie integrierter Bestandteil des Personalmarketing sind und ihr Einsatz vor allem unter Berücksichtigung der Bedürfnisse der Mitarbeiter, aber auch der spezifischen Besonderheiten der Organisation erfolgt.

Abschließend kann festgestellt werden, daß Ziel und Zweck der Public und Internal Relations darin besteht, in der externen und internen Öffentlichkeit der Organisation für Verständnis und Vertrauen zu werben. Unter dem Gesichtspunkt des Personalmarketing betrachtet, stellen sie ein hilfreiches Instrument dar, um auf dem internen Arbeitsmarkt Transparenz, Leistung und Zufriedenheit zu erzielen sowie der Organisation auf dem externen Arbeitsmarkt einen guten Ruf zu verschaffen.

4.6 Personalverwaltung

In Literatur und Praxis ist häufig die Auffassung anzutreffen, daß der Begriff Personalverwaltung alle personalpolitischen Entscheidungen und Maßnahmen umfaßt.

Es werden die Begriffe Personalverwaltung, Personalwesen, Personalbereich, Personalmarketing etc. synonym verwendet. Wie jedoch schon aus den bisherigen Ausführungen deutlich hervorgeht, bestehen deutliche Unterschiede zwischen den Begriffen Personalmarketing und Personalverwaltung.

Das Personalmarketing beschäftigt sich mit sämtlichen Überlegungen und gestalterischen Maßnahmen hinsichtlich der personalpolitischen Instrumente, die Personalprobleme zu lösen versuchen. Durch sie gestaltet die Organisation die Beziehungen zu und zwischen den Mitarbeitern. Die Zielsetzung des Personalmarketing besteht in der Gewinnung und Erhaltung von qualifizierten Mitarbeitern und in der Steigerung von Leistung und Zufriedenheit.

Die Verwaltungsaufgaben dienen generell der Erhaltung und Sicherung der Tätigkeit der Organisation und erstrecken sich auf die Mitarbeiter, die Betriebsmittel und die Werkstoffe [63]. Auch alle personalpolitischen Aktivitäten sind von einem administrativen Akt, der Personalverwaltung, begleitet. Diese beinhaltet eine Vielzahl von ordnenden, sammelnden, dokumentierenden und ausführenden Arbeiten, die zur Überwachung und Steuerung der Personalsituation erforderlich sind.

Die Vielfalt der Tätigkeiten der Personalverwaltung lassen sich generell zusammenfassen in:

- informatorische Aufgaben,
- Überwachungsaufgaben,
- verfahrenstechnische Aufgaben [64].

Die informatorischen Aufgaben bestehen in der Aufnahme, Speicherung und Abgabe aller Daten über die Mitarbeiter sowie deren Arbeit und Verhalten. Gegenstand der Überwachungsaufgaben ist die ständige Überprüfung der Einhaltung extern und intern vorgegebener rechtlicher Bestimmungen. Für die Durchführung der Personalverwaltung sind spezielle, rationelle Verfahren und Techniken zu entwickeln (verfahrenstechnische Aufgaben).

Analysiert man die gesamten generellen Aufgaben der Personalverwaltung, so lassen sich folgende spezifische Inhalte feststellen:

- Erstellung und Führung der Personalunterlagen,
- Führen der Personalstatistik,
- Durchführung und Verrechnung der Entlohnung,
- Führung von Organisations- und Stellenplänen,
- Formularwesen,
- Verwaltung der sozialen Einrichtungen,

– Beachtung rechtlicher Bestimmungen (insbesondere Arbeitsrecht),
– Vertretung der Organisation nach außen in personellen Angelegenheiten,
– Treuhandfunktion gegenüber Stellen des Staates und öffentlich-rechtlichen Körperschaften.

Eine funktionsfähige, die schnelle und störungsfreie (z. B. durch Einsatz von Formularen) personalpolitische Kommunikation ermöglichende Personalverwaltung ist ein wesentliches Hilfsmittel im Rahmen des Personalmarketing. Sie liefert häufig die Grundlagen (Informationen) für personalpolitische Entscheidungen und kann – falls mit entsprechenden Kompetenzen ausgestattet – auf eine einheitliche Behandlung der personellen Angelegenheiten der Organisation hinwirken. Abschließend sei jedoch nochmals festgestellt, daß der Personalverwaltung im Rahmen des Personalmarketing nur eine – wenngleich wichtige – Hilfsfunktion zukommt, deren Hauptaufgaben ausführender Natur sind.

Die personalpolitischen Instrumente und Aufgaben des Personalmarketing setzen in der Organisation ein und wirken nach draußen auf den externen Arbeitsmarkt. Die Effizienz ihres Einsatzes ist abhängig von ihrer Zielorientierung (z. B. mitarbeiterorientiert), ihrer darauf aufbauenden Auswahl sowie ihrer Integration in die Organisation und ihrer gegenseitigen Abstimmung. Die Zielsetzung des Personalmarketing besteht darin, durch starke Berücksichtigung der menschlichen Gegebenheiten und Wünsche leistungsfähige, -willige und zufriedene Mitarbeiter zu gewinnen und zu erhalten.

Teil II

Die Personalbeschaffung

In den bisherigen Ausführungen wurde versucht, die Entwicklung und Konzeption des Personalmarketing sowie dessen Instrumente und Aufgaben darzulegen. Im folgenden sollen nun die Probleme einer geschlossenen Personalbeschaffungskonzeption erörtert werden. Dies erscheint zum einen deshalb gerechtfertigt, weil die Personalbeschaffung eine Vielzahl von Teilproblemen umfaßt, deren systematische, integrierte Behandlung noch weitgehend offen ist. Zum anderen ergeben sich durch das Personalmarketing eine Reihe neuartiger Aspekte und Lösungsalternativen für personalpolitische Beschaffungsprobleme.

1. Die Zielsetzung der Personalbeschaffung

Jede Organisation bedarf zur Erstellung ihrer spezifischen Leistungen in aller Regel der Arbeitsleistung von Menschen verschiedenster Art und verschiedensten Könnens, die sodann in gemeinsamer Arbeit und in Kombination mit weiteren Produktionsfaktoren die von der Organisation angestrebten Leistungen zu erbringen haben. Zwar sind Bedeutung und Teilhabe der verschiedenen Faktoren von Organisation zu Organisation unterschiedlich, der Faktor „Personal" fehlt jedoch trotz Rationalisierung und Automation so gut wie nie.

Im Personalbedarfsplan stehen sich der quantitativ, qualitativ und zeitlich spezifizierte Personalbedarf der Organisation einerseits sowie die Deckungsmöglichkeiten durch vorhandenes Personal andererseits gegenüber. Häufig tritt hierbei eine Über- oder Unterdeckung in quantitativer und/oder qualitativer Hinsicht auf.

Die Personalbeschaffung zielt darauf ab, Personal zu gewinnen und dient der Beseitigung einer personellen Unterdeckung in quantitativer, qualitativer, zeitlicher und örtlicher Hinsicht.

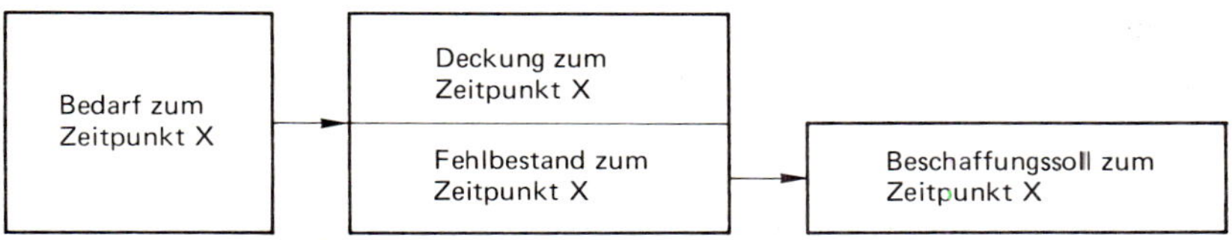

Bild 16 Zusammenhang zwischen Personalbedarfs- und Personalbeschaffungsplan [65]

In Literatur und Praxis ist häufig die Auffassung anzutreffen, daß die Beschaffungsaktivitäten nach erfolgter Gewinnung des Personals beendet sind und somit die Eingliederung nicht mehr zu Beschaffung zählt [66]. Die erwünschte Arbeitsleistung einerseits und die Zufriedenheit der Mitarbeiter andererseits werden jedoch wesentlich von einer ziel- und mitarbeiterorientierten Eingliederung (Einführung) des für bestimmte Aufgaben gewonnenen Personals beeinflußt. Insofern erscheint es ratsam – neben der Gewinnung –, die Eingliederung der Mitarbeiter in die Organisation und in den Tätigkeitsbereich zum Aufgabenkomplex der Personalbeschaffung zu zählen.

Dagegen erscheint es nicht gerechtfertigt, die Personalbestandserhaltung dem Aufgabengesamt der Personalbeschaffung zuzurechnen. Diese wird zwar nicht unwesentlich von einer wirkungsvollen Personalbeschaffung beeinflußt, ist jedoch insgesamt von allen personalpolitischen Instrumenten und deren Zusammenwirken abhängig.

Den weiteren Ausführungen liegt somit folgende Definition zugrunde:

> *Die Personalbeschaffung der Organisation beinhaltet alle Entscheidungen und Maßnahmen, die der Gewinnung und Eingliederung des erforderlichen Personals in quantitativer, qualitativer, zeitlicher und örtlicher Hinsicht dienen.*

Versucht man die Gesamtfunktion der Personalbeschaffung zu zergliedern, so lassen sich folgende Teilbereiche nennen:

- Gewinnung und Aufbereitung personalbeschaffungsrelevanter Informationen,
- Organisation der Personalbeschaffung,
- Auswahl der Personalbeschaffungsmethoden,
- Planung der Durchführung der Personalbeschaffung,
- Festlegung der Auswahlmethoden,
- Erstellung von Richtlinien für die Einführung der Mitarbeiter und
- Durchführung und Kontrolle der Personalbeschaffung.

Unter dem Gesichtspunkt des Personalmarketing kann die Gewinnung und Eingliederung des Personals nicht nur im Hinblick auf die Arbeitsleistung im Sinne der Verwirklichung des ökonomischen Prinzips erfolgen, sondern der Mensch als Träger von Arbeitskraft ist in seiner Ganzheit zu berücksichtigen. Für die Personalbeschaffungsaktivitäten resultiert daraus die Forderung nach einer menschlich unterbauten Verhaltensweise und Einstellung allen Mitarbeitern gegenüber. Sie findet ihre Begründung in der personalen Würde jeden Trägers von Arbeitskraft, und ist nur realisierbar, wenn die teilweise bestehende Diskriminierung bestimmter Mitarbeiter (z. B. ältere Mitarbeiter, Frauen, ausländische Mitarbeiter etc.) beseitigt wird.

2. Gewinnung und Aufbereitung personalbeschaffungsrelevanter Informationen

Der umfangreiche Komplex der Personalbeschaffung kann unter dem Gesichtspunkt des Personalmarketing nicht mehr weiterhin – wie in der Vergangenheit – von irgendeiner Stelle der Personalabteilung (im traditionellen Sinne) nebenher von Fall zu Fall effizient erledigt werden. Vielmehr sind die Entscheidungen und Maßnahmen der Personalbeschaffung auf der Basis ziel- und mitarbeiterorientierter Informationen zu treffen. Schwerpunktmäßig handelt es sich hierbei um Informationen

- über die Beschaffungsmärkte,
- der Berufsforschung,
- der Personalforschung,
- über die zu besetzende Stelle,
- über die zu beachtenden gesetzlichen Bestimmungen und
- über die Beschaffungs- und Auswahlmethoden.

Sie dienen zum einen der Organisation und zum anderen den potentiellen und vorhandenen Mitarbeitern für deren Entscheidung einer internen Veränderung oder eines Eintritts in die Organisation.

2.1 Informationen über die Beschaffungsmärkte

Die Beschaffung des Produktionsfaktors Personal erfolgt auf dem Arbeitsmarkt. Im einzelnen Beschaffungsfall ist jedoch für eine Organisation nicht die Gesamtheit aller am Markt Beschäftigung Suchender relevant, sondern je nach Art der nachgefragten Arbeit, dem Standort der Organisation, der Mobilität der Mitarbeiter sowie der zeitlichen Beschaffungsmöglichkeiten verschiedene charakteristische Teilmärkte (Bild 17). Die Informationen über die Beschaffungsmärkte beziehen sich vor allem auf die

- Struktur und charakteristischen Eigenschaften der verschiedenen Teilarbeitsmärkte und
- deren jeweiliger Entwicklung.

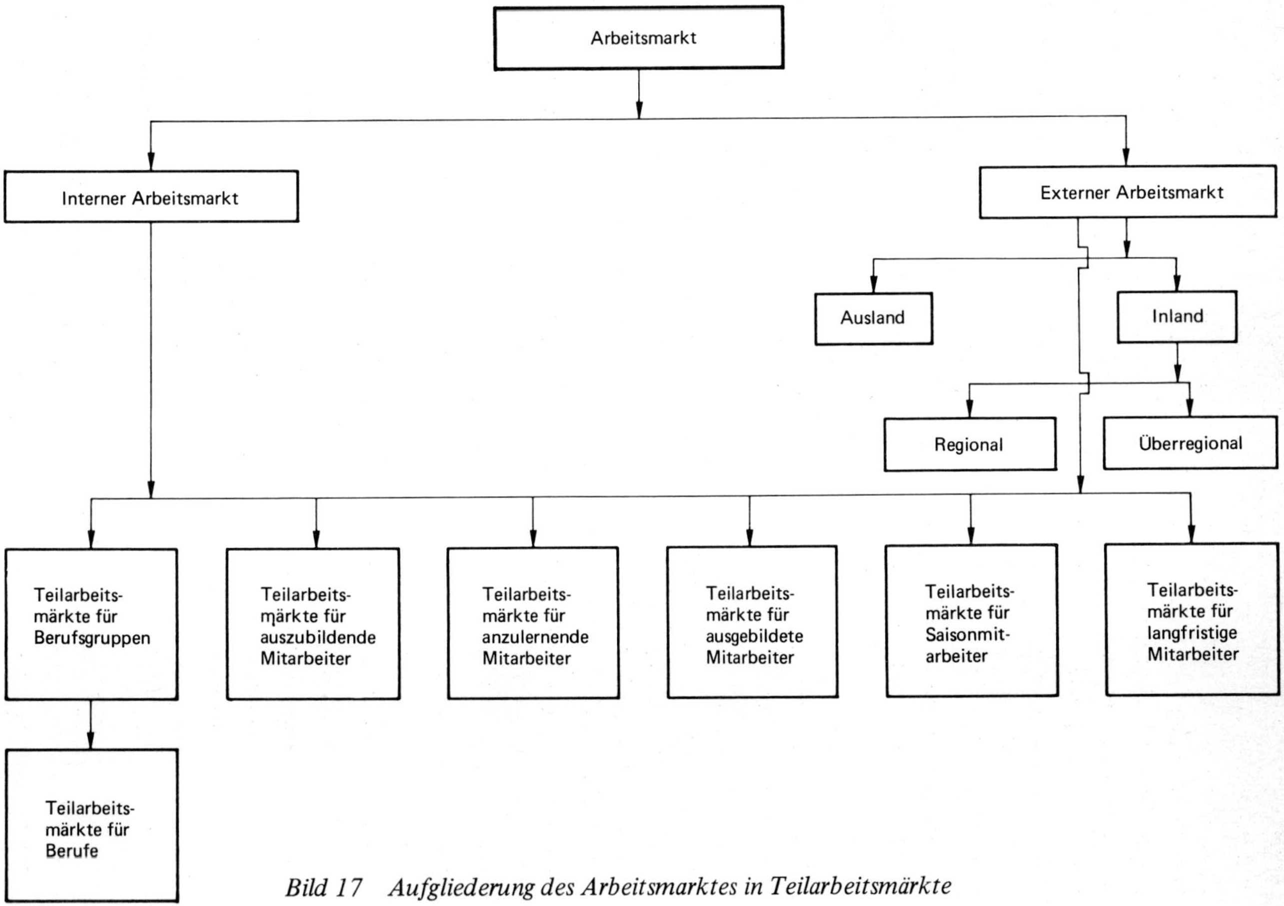

Bild 17 Aufgliederung des Arbeitsmarktes in Teilarbeitsmärkte

Grundsätzlich kann zwischen einem internen und einem externen Teilarbeitsmarkt unterschieden werden. Letzterer läßt sich in inländischen und ausländischen sowie regionalen und überregionalen Teilarbeitsmarkt gliedern. Eine weitere Unterscheidung führt zu den Märkten der verschiedenen Berufsgruppen und der verschiedenen Berufe. Diese Klassifizierung ist insofern von Bedeutung, als für eine Reihe von Berufsgruppen – vornehmlich Berufe ausführender Art – der Organisation in erster Linie nur der regionale Arbeitsmarkt zur Verfügung steht, während für leitende und Spezialberufe auch der überregionale Arbeitsmarkt relevant ist. Darüber hinaus lassen sich noch Teilarbeitsmärkte für Auszubildende, für Anlernlinge und Ausgebildete sowie für Saison- und langfristige Mitarbeiter unterscheiden.

Die Organisation interessiert sich entsprechend dem spezifischen Personalbedarf für den relevanten Teilarbeitsmarkt hinsichtlich seiner Angebots- und Nachfragestruktur. Diese kann zeitlich, räumlich und berufsspezifisch durchaus unterschiedlich sein. Mittels systematischer kurz- und langfristiger Arbeitsmarktforschung erhält die Organisation Informationen über die Gegebenheiten und die voraussichtliche Entwicklung der verschiedenen Teilarbeitsmärkte [67].

Um zutreffende Aussagen zu gewinnen, muß die Arbeitsmarktforschung, wie auch die Berufsforschung, interdisziplinär betrieben werden. Vor allem sind „die Wissenschaftsbereiche Volkswirtschaftslehre, Betriebswirtschaftslehre, Statistik, Ingenieurwissenschaften, Soziologie, Psychologie, Rechtswissenschaften und allgemeine Zukunftsforschung (Futurologie)“ [68] zu beteiligen.

Grundsätzlich läßt sich die Arbeitsmarktforschung in die interne und externe unterteilen. Beide Formen versuchen durch sekundär-statistische und primär-statistische Analysen Aufschluß über Verhältnisse und mögliche Entwicklungen des Arbeitsmarktes zu erzielen, das Personalangebot und die Angebotsbedingungen transparent zu machen.

Die interne Arbeitsmarktforschung beschäftigt sich vor allem mit der

- Entwicklung der Beschäftigten in der Organisation,
- Feststellung des Altersaufbaus der Mitarbeiter,
- Ermittlung der Fehlzeiten,
- Analyse der Fluktuation,
- Feststellung vorhandener Personalreserven,
- Ermittlung förderungswürdiger und laufbahnbewußter Mitarbeiter,
- Analyse des Selbstimages.

Primär dient die interne Markt- und Meinungsforschung den Problembereichen der Strukturplanung, der Personalführung und im Rahmen der Personalplanung der

Personalbedarfsermittlung, während die externe Arbeitsmarktforschung primär dem Komplex der Personalbeschaffung zuzuordnen ist.

Insoweit kann an dieser Stelle auf eine weitere detaillierte Darstellung der Probleme und Methoden der internen Arbeitsmarktforschung verzichtet werden. Es erscheint jedoch notwendig darauf hinzuweisen, daß interne und externe Arbeitsmarktforschung nicht isoliert betrachtet werden dürfen, „. . . da erst die Integration der Auswertungsergebnisse beider Marktforschungsbereiche in theoretischer und empirischer Sicht ein aussagefähiges Gesamtergebnis für personalmarktorientierte Aktionsparameter erwarten läßt“ [69].

Gegenstand der externen Arbeitsmarktforschung ist die Analyse der gegenwärtigen und zukünftigen Arbeitsmarktlage sowie die Ermittlung des Images der betreffenden Organisation am Arbeitsmarkt.

Durch eine systematische, intensive Arbeitsmarktforschung werden

- das Geschehen am Arbeitsmarkt insgesamt und an den Teilmärkten für bestimmte Gruppen durchsichtig gemacht,
- die Bestimmungsfaktoren für Veränderungstendenzen erkennbar und
- Orientierungshilfen für den einzelnen und für die Arbeitsmarktpolitik gegeben, die es erlauben, wichtige Entscheidungen rational zu fundieren [70]

Bei der Analyse und Beobachtung des externen Arbeitsmarktes im Hinblick auf Erfassung und Prognose der allgemeinen Entwicklungstendenzen kann auf die Berichterstattung spezialisierter, staatlicher, kommunaler und privater Institutionen zurückgegriffen werden [71].

Diese Institutionen versuchen, längerfristige Projektionen des zukünftigen Bedarfs und Angebotes an Arbeitskräften zu entwickeln (Bild 18). Bei der Ermittlung des zukünftigen Bedarfs an Arbeitskräften wird versucht, „die Zahl und Zusammensetzung der Arbeitskräfte zu prognostizieren, die erforderlich sind, um eine bestimmte Produktion bei einem bestimmten Produktivitätsniveau zu erstellen bzw. ein bestimmtes Niveau an Bildungs- und Versorgungsdienstleistungen zur Verfügung zu stellen“ [72].

Die Deckung des ermittelten Bedarfs kann erfolgen durch:

- den Restbestand an Mitarbeitern,
- den Übertritt von Selbständigen in abhängige Stellung (z. B. Landwirte),
- das Neuangebot aus dem Bildungswesen,
- die Mobilisierung von Arbeitskräftereserven im Inland (z. B. Frauen, Rentner etc.),
- zunehmende Beschäftigung von ausländischen Mitarbeitern.

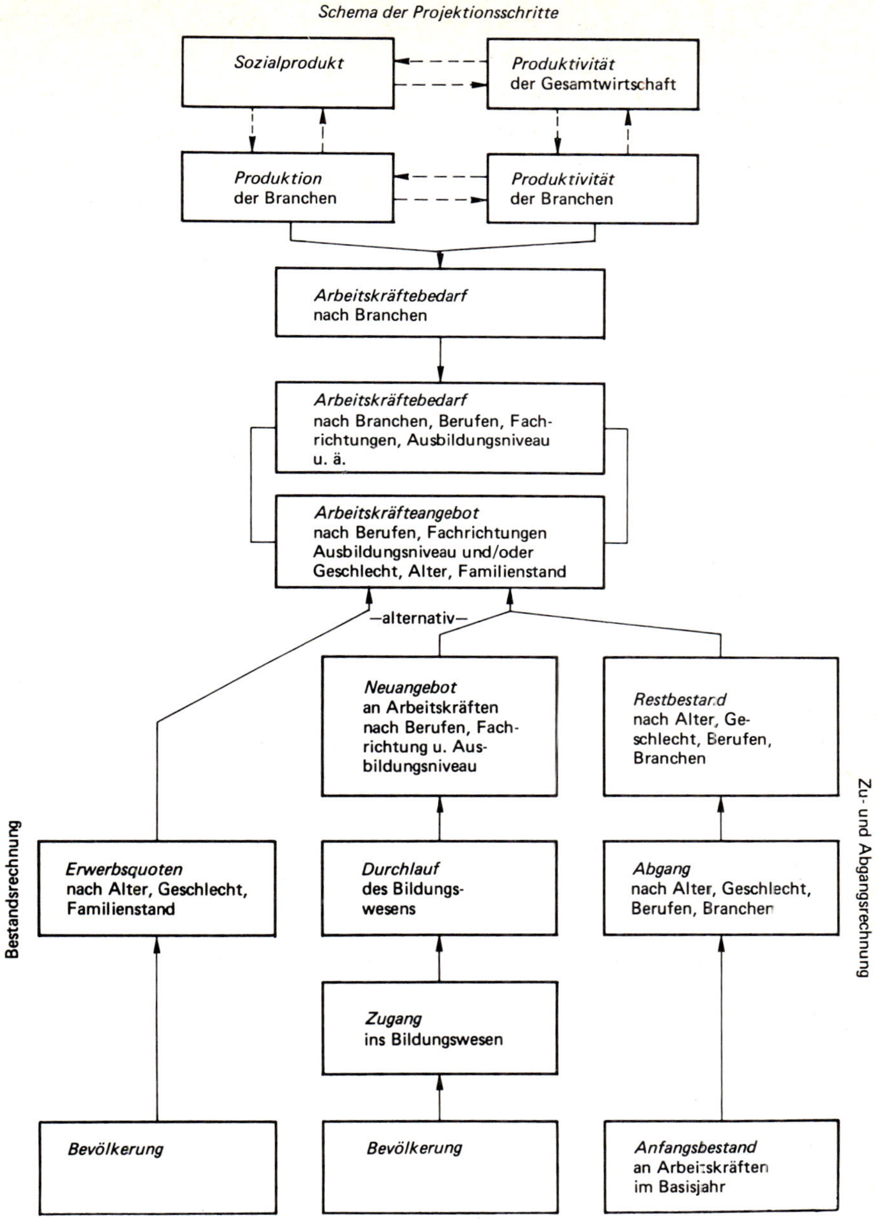

Bild 18 Schema der Projektionsschritte zur Ermittlung des Arbeitskräftebedarfs und des Arbeitskräfteangebotes [73)]

Sollten die von den verschiedenen Institutionen gelieferten Informationen über die Entwicklung des Arbeitsmarktes und der damit verbundenen Beschaffungschancen der betreffenden Entscheidungsfindung der jeweiligen Organisation nicht genügen, so können zu ihrer Ermittlung eine Anzahl statistischer Instrumente eingesetzt werden. Vor allem sind hierbei lineare Regressionen, Zeitreihenanalysen, Korrelationsrechnungen und Indexzahlenrechnungen zu nennen.

Jede Organisation hat ihr Image, und zwar auf allen für sie relevanten Märkten. Ein Image ist die Gesamtheit aller Stimmungen, Erfahrungen und Wahrnehmungen, die ein Mensch mit irgendeinem Meinungsgegenstand verbindet. Es handelt sich hierbei jedoch nicht um die objektiven Eigenschaften der Organisation, sondern um alle diejenigen, die dem Meinungsgegenstand subjektiv vom Meinungsträger zugeschrieben werden[75].

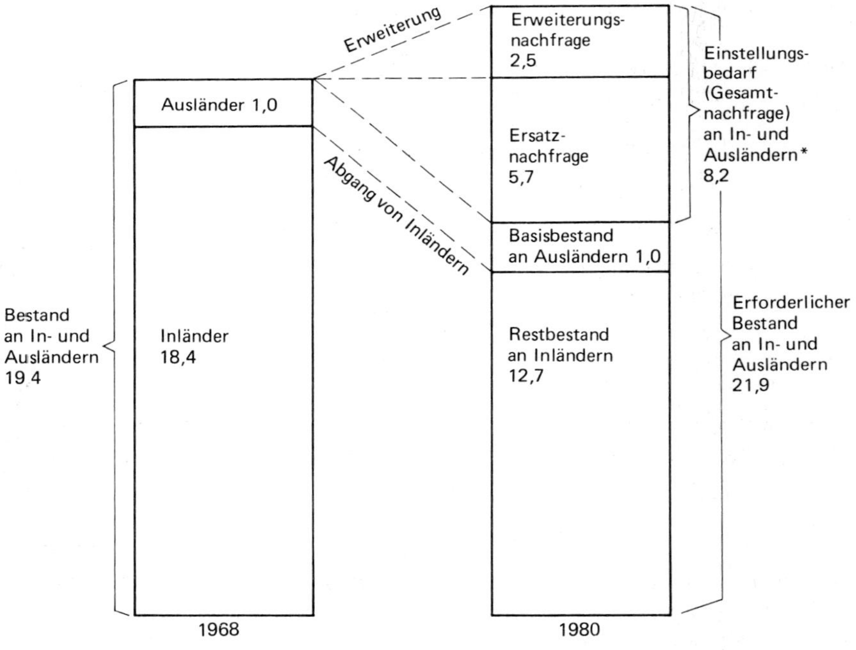

Bild 19 Einstellungsbedarf an Arbeitnehmern ohne Beamte 1968 bis 1980 (Erweiterungsnachfrage, Ersatznachfrage, Gesamtnachfrage) in Mio./Personen [74].

Häufigstes Forschungsobjekt der primär-statistischen Analyse im Rahmen der Arbeitsmarktforschung von seiten der Organisation ist die Ermittlung des Fremd-Images der Organisation im personellen Bereich. Dieses Auswahlverfahren basiert auf der Überzeugung, daß unter den potentiellen arbeitgebenden Organisationen diejenigen ihre Nachfrage befriedigen kann, welche das beste personalpolitische Image besitzt. Das personalpolitische Image ist die Gesamtheit aller Eigenschaften, die bestimmte Personen der Organisation in ihre Funktion als Arbeitgeber zuschreiben. Es wird geprägt durch die subjektiven Vorstellungen des Meinungsträgers über die Gesamtheit des personalpolitischen Instrumentariums. Dabei kann es durchaus der Fall sein, daß dieses Fremd-Image kein einheitliches, geschlossenes Meinungsbild darstellt, sondern entsprechend den verschiedenen personalpolitischen Instrumenten unterschiedliche Ausprägungsgrade aufweist. Beispielsweise kann eine Organisation u. a. ein positives Image im Hinblick auf die Entgeltpolitik besitzen und ein negatives Image in bezug auf die Personalführung. Je nachdem kann sich dadurch für sie eine Erweiterung oder Beschränkung der verschiedenen Teilarbeitsmärkte ergeben.

Um ein wirklichkeitsnahes, aussagefähiges personalpolitisches Fremd-Image der Organisation zu erhalten, müssen sich die Bestrebungen erstrecken auf die

- Ermittlung eines personalpolitischen Ideal-Images,
- Analyse des personalpolitischen Real-Images,
- Analyse des allgemeinen Images der Organisation,
- Festlegung des Images des Produktions- oder Dienstleistungsbereiches und
- Ermittlung des personalpolitischen Images von konkurrierenden Organisationen[76)].

Die Meinungsträger bei der Analyse des personalpolitischen Fremd-Images sind entweder die Mitglieder des gesamten externen Arbeitsmarktes oder von speziell zu bestimmenden Teilarbeitsmärkten.

Versucht man die mittels Befragung erzielten Informationen anhand von Image-Profilen (Bild 20) darzustellen, so erhält man Aufschluß über die Vorstellungen der Meinungsträger hinsichtlich der personalpolitischen Situation und der Erwartungen in der entsprechenden Organisation.

Die Ergebnisse der internen und externen Arbeitsmarktforschung liefern für die Personalbeschaffung wichtige Informationen für deren kurz- und langfristige Konzeption sowie die erforderlichen Handlungsaktivitäten. Sie werden ergänzt durch die Aussagen der Berufsforschung.

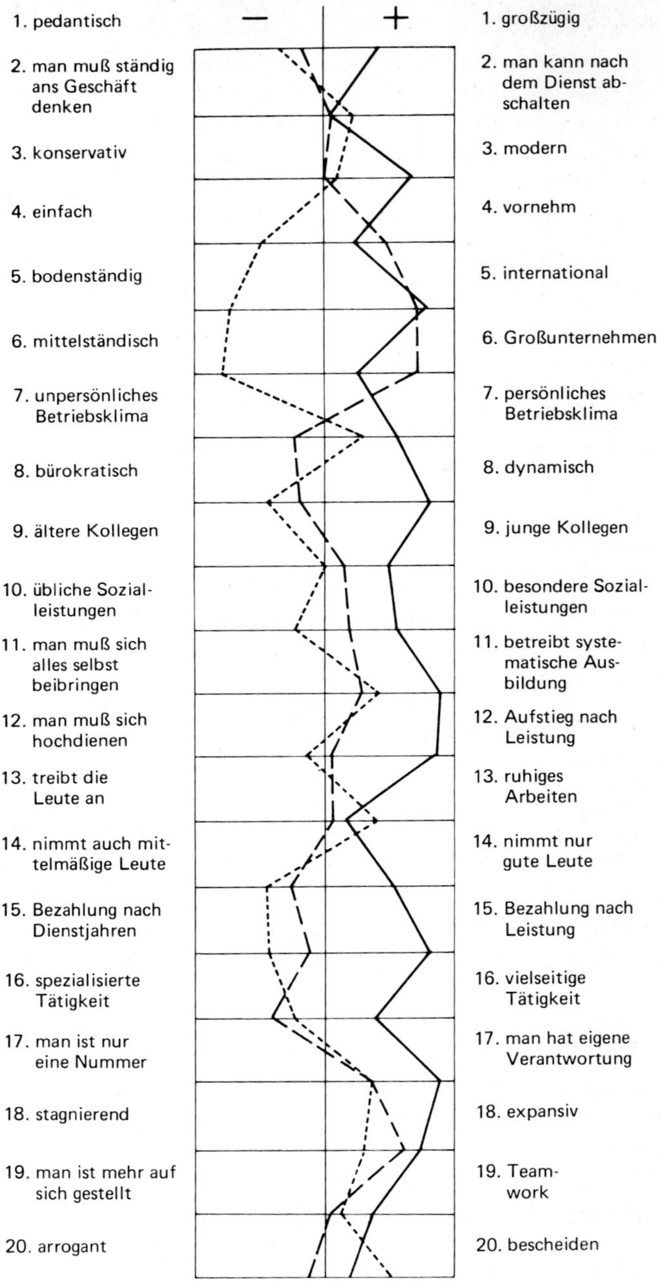
–
+
1. pedantisch
1. großzügig
2. man muß ständig ans Geschäft denken
2. man kann nach dem Dienst abschalten
3. konservativ
3. modern
4. einfach
4. vornehm
5. bodenständig
5. international
6. mittelständisch
6. Großunternehmen
7. unpersönliches Betriebsklima
7. persönliches Betriebsklima
8. bürokratisch
8. dynamisch
9. ältere Kollegen
9. junge Kollegen
10. übliche Sozialleistungen
10. besondere Sozialleistungen
11. man muß sich alles selbst beibringen
11. betreibt systematische Ausbildung
12. man muß sich hochdienen
12. Aufstieg nach Leistung
13. treibt die Leute an
13. ruhiges Arbeiten
14. nimmt auch mittelmäßige Leute
14. nimmt nur gute Leute
15. Bezahlung nach Dienstjahren
15. Bezahlung nach Leistung
16. spezialisierte Tätigkeit
16. vielseitige Tätigkeit
17. man ist nur eine Nummer
17. man hat eigene Verantwortung
18. stagnierend
18. expansiv
19. man ist mehr auf sich gestellt
19. Teamwork
20. arrogant
20. bescheiden

2.2 Informationen der Berufsforschung

An dieser Stelle kann nicht auf die Probleme der in Form der Berufsstruktur- und Berufsprozeßforschung betriebenen Berufsforschung des Instituts für Arbeitsmarkt- und Berufsforschung der Bundesanstalt für Arbeit näher eingegangen werden, sondern nur im wesentlichen auf die unmittelbaren Zusammenhänge der verschiedenen Berufe und den mit ihnen zusammenhängenden Möglichkeiten der Personalbeschaffung. Die zentrale Fragestellung ist hier neben

- der Ermittlung der Zukunftschancen bestimmter Berufe und
- der Feststellung der Variation der Berufsanforderungen

die Untersuchung

- des Prestiges der verschiedenen Berufe.

Das Problem der Zukunft eines Berufes beschäftigt jeden einzelnen, ob er bereits im Erwerbsleben steht oder erst einen Beruf ergreifen will, wie auch die mit der Lösung beschäftigungspolitischer Probleme Beauftragten. Dabei gipfelt diese Fragestellung häufig im Vergleich der Zukunftschancen von „alten" und „neuen" Berufen. Weit verbreitet ist hierbei die Meinung, daß ein neuer Beruf bessere Zukunftsaussichten besitzt als ein alter und eine Organisation mit einem relativ hohen Anteil an neuen Berufen dadurch erhebliche Vorteile in der Anwerbung von Mitarbeitern genießt.

Wie z. B. aus Bild 21 zu ersehen, ist dieser Auffassung jedoch entgegenzuhalten, daß die Bedeutung neuer Berufe oft überschätzt wird, da die Anzahl neuer Berufe verhältnismäßig gering ist. Darüber hinaus findet in den neuen Berufen nur ein geringer Teil der Mitglieder des internen und externen Arbeitsmarktes Beschäftigung. Bedenkt man ferner, daß die Prognosen über die Entwicklung neuer Berufe mit großen Unsicherheiten verbunden sind, so wird aus diesen Argumenten deutlich, daß Beschaffungs- und Beschäftigungsmöglichkeiten in neuen Berufen, gemessen an der Gesamtanzahl der Beschäftigten, zahlenmäßig sehr beschränkt sind[78)].

Bild 20 Die Polaritätsprofile der Images der Großbank, der Sparkasse und des idealen Kreditinstitutes [77)]

Erklärungen: ——— „Das ideale Kreditinstitut"
– – – „Die Großbank"
. . . . . „Die Sparkasse"

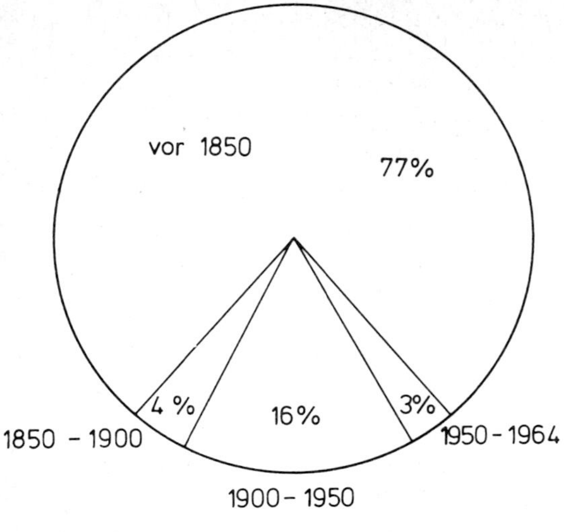

Bild 21 Verteilung der Beschäftigten auf alte und neue Berufe in den USA 1964/65 (Beschäftigte in den Berufen, die in den betreffenden Zeiträumen entstanden sind [79]).

Hierbei wurde angenommen, daß Berufe wie Chemiker, Fotograf, Installateur, Rohrleger, Statistiker, Technischer Zeichner und Zeitungsreporter zwischen 1850 und 1900 entstanden sind. Elektroingenieure, Kraftfahrer, Büromaschinenbediener, Betonbauer und Baumaschinenführer treten zwischen 1900 und 1950 als neue Berufe auf. Nach 1950 wurden Berufe der Datenverarbeitung, Berufe der Fernsehtechnik, Berufe auf dem Gebiet der Kerntechnik und Elektronikberufe als neu angesehen.

Unter dem Gesichtspunkt des Personalmarketing ergibt sich daraus für Maßnahmen der Personalbeschaffung das Erfordernis, die Verwendung des Argumentes „neuer Beruf mit besseren Zukunftschancen" nicht ungeprüft zu übernehmen. Denn eine solche Vorgehensweise würde versuchen, die potentiellen und aktuellen Mitarbeiter mit scheinbar positiven Werbeaussagen in ihren Entscheidungen zu beeinflussen. Nur dann, wenn aufgrund systematischer und exakter Analysen und den speziellen Beschaffungsfall betreffend der neue Beruf größere Zukunftsaussichten hat, kann dies als werbewirksames Argument in der Personalbeschaffung Anwendung finden.

Der Einsatz von Berufsbezeichnungen bei Personalwerbemaßnahmen hat informatorischen Charakter. Teilnehmer der verschiedenen Teilarbeitsmärkte werden dadurch in kurzer und prägnanter Form über Anforderungs- und Eignungsprofile der zu besetzenden Stellen in Kenntnis gesetzt. Ihrer Orientierungsfunktion können sie jedoch nur dann gerecht werden, wenn sie die insgesamt zunehmend differenzierten und im speziellen Fall nachgefragten Berufstätigkeiten anforderungs- und eignungsgerecht abdecken. Die Berufsforschung liefert hier durch Aussagen über die Variation und die Entwicklung der spezifischen Berufsanforderungen und Berufsmerkmale wertvolle Informationen für den effizienten Einsatz von Berufsbezeichnungen im Rahmen der Personalbeschaffung.

Von wesentlicher Bedeutung für die Anwerbung von Mitarbeitern für verschiedene Stellen ist das Prestige (Image), das die verschiedenen Berufsgruppen oder Berufe in den Augen von Berufsanfängern und/oder Berufswechslern besitzen. In diesem Zusammenhang geht es um die Frage der Einflußgrößen, die die Verschiedenwertigkeit der durch Arbeitsteilung entstandenen Verschiedenartigkeit beruflicher Positionen bedingen. Hierunter ist die Tatsache zu verstehen, daß im Bewußtsein der Gesellschaftsmitglieder die verschiedenen Berufe unterschiedlich bewertet werden[80)]. Daraus ergeben sich je nach Bewertung des betreffenden Berufes Vor- oder Nachteile im Hinblick auf Personalbeschaffungsaktivitäten am Arbeitsmarkt. Denn jede Berufsbezeichnung, wie sie beispielsweise in einer Personalanzeige verwendet wird „signalisiert direkt oder indirekt auch eine Position in der generellen Prestigerangordnung, dem Statussystem einer Gesellschaft“ [81)]. Die Berufsbezeichnungen stellen sozialpsychologisch Status-Indikatoren und zentrale gesellschaftliche Wertkriterien dar und müssen deshalb, um eine optimale Kommunikationswirkung zu erzielen, neben den oben genannten Kriterien in den Beschaffungsaktivitäten entsprechend ihrem psychologischen Gewicht gestaltet und formuliert werden [82)].

Die Berufsforschung, speziell die Berufssoziologie, erforscht diese Wertvorstellungen und daraus resultierenden Verhaltensweisen der Gesellschaftsmitglieder und liefert durch ihre Ergebnisse wertvolle Informationen hinsichtlich der Entscheidung der Berufswahl und des Berufswechsels der Mitglieder des Arbeitsmarktes.

Für die Personalbeschaffung sind im Rahmen dieser Untersuchungen folgende Fragen von besonderer Bedeutung:

„(1) Existieren in der Bevölkerung gruppenspezifische Prestigerangordnungen von Berufsbezeichnungen, oder herrscht Gleichförmigkeit?

(2) Für welche sozialpsychologischen Gruppen gelten unterschiedliche Prestigerangordnungen, für welche nicht?

Rang*)	Beruf	Mittelwerte						
		Gesamt-Gruppe	Geschlecht		Region		Schicht	
			f	m	urban	rural	Über-	Unter-
01	Arzt	1.44	1.36	1.46	1.40	1.47	1.63	1.39
02	Professor	1.56	1.36	1.60	1.31	1.85	1.70	1.54
03	Rechtsanwalt	2.26	1.82	2.36	2.08	2.64	2.53	2.18
04	Architekt	2.38	2.51	2.35	2.22	2.59	2.50	2.34
05	Pfarrer	3.02	2.55	3.13	3.11	2.47	2.86	3.07
06	Bautechniker	3.18	3.48	3.11	3.71	3.29	3.12	3.20
07	Chemiker	3.25	3.29	3.24	3.23	3.28	3.22	3.25
08	Maschinentechniker	3.28	3.98	3.12	3.33	3.47	3.41	3.24
09	Primarlehrer	3.48	3.08	3.57	3.51	3.08	3.70	3.41
10	Drogist	3.63	3.28	3.71	3.55	3.56	3.64	3.63
11	Maschinenzeichner	3.63	3.89	3.57	3.79	3.89	3.93	3.54
12	FE-apparatemonteur	3.87	4.71	3.69	4.20	3.65	4.12	3.80
13	Polizist	4.00	3.48	4.12	4.15	3.94	4.44	3.86
14	Steward	4.02	3.28	4.19	4.29	3.86	4.27	3.94
15	Kaufmann	4.09	3.70	4.18	4.21	4.04	4.31	4.02
16	Elektromechaniker	4.37	4.72	3.57	4.33	4.44	4.93	4.19
17	Stationsbeamter	4.56	5.00	4.46	4.89	4.38	5.13	4.38
18	Postbeamter	5.00	4.44	5.12	5.27	4.43	5.29	4.90
19	Konstruktionsschlosser	5.02	5.34	4.95	5.01	5.27	5.33	4.93
20	Schriftsetzer	5.15	5.29	5.11	5.42	5.15	4.87	5.23
21	Uhrmacher	5.22	5.70	5.11	5.42	5.15	5.33	5.18
22	Automechaniker	5.37	5.48	5.34	5.25	5.67	6.04	5.16
23	Werkzeugmacher	5.85	6.81	5.63	6.06	5.88	6.22	5.73
24	Krankenpfleger	5.86	5.15	6.03	5.71	5.80	6.01	5.82
25	Koch	6.00	6.40	5.92	5.84	6.17	6.12	5.97
26	Bauspengler	6.18	6.27	6.16	6.17	6.42	6.62	6.04
27	Möbelschreiner	6.23	6.12	6.25	6.14	6.29	6.67	6.09
28	Coiffeur	6.29	5.93	6.37	6.32	6.30	6.86	6.11
29	Kellner	6.31	6.31	6.31	6.32	6.30	7.74	6.17
30	Verkäufer	6.32	6.12	6.37	6.25	6.32	6.50	6.26
31	Bäcker	6.56	6.22	6.63	6.37	6.60	6.88	6.45
32	Zimmermann	6.87	6.91	6.86	6.33	6.97	7.06	6.81
33	Metzger	6.88	6.44	6.98	6.86	6.78	7.14	6.80
34	Matrose	6.91	6.33	7.05	7.07	7.14	7.10	6.85
35	Maler	7.19	6.68	7.30	7.08	7.43	7.61	7.05
36	Maßschneider	7.28	7.12	7.32	7.30	7.24	7.46	7.22
37	Gärtner	7.34	6.56	7.51	7.30	7.63	7.44	7.31
38	Maurer	7.57	7.44	7.60	7.29	7.51	7.61	7.56
39	Landwirt	7.58	7.12	7.68	7.36	7.64	7.97	7.45
40	Gipser	7.90	7.86	7.91	7.86	7.78	7.81	7.93
41	Weber	8.67	8.50	8.70	8.73	8.71	8.60	8.69

*) Der Rang ist hier bezogen auf den Mittelwert der Gesamtgruppe. Wo zwei Mittelwerte gleich waren, wurde für die Rangierung das Streuungsmaß berücksichtigt. Jeder Beruf konnte von den 320 befragten Berufswahlschülern in einer 10stufigen Skala eingestuft werden. Stufe 1 bedeutete sehr hohes, Stufe 10 dementsprechend sehr tiefes soziales Prestige.

Bild 22 Prestige-Rangskala der Berufe [86)]

(3) Gibt es altersabhängige Prestigerangordnungen oder nicht? (Müssen also verschiedene Altersgruppen in der Personalwerbung verschieden angesprochen werden oder nicht?)

(4) Welche Berufsbezeichnungen können zusammen dargeboten und beworben werden, welche nicht? (Welche Konsequenzen ergeben sich daraus für die Gestaltung von Personalanzeigen?)" [83].

Im Hinblick auf die Bewertung des sozialen Prestiges der Berufe ergeben zahlreiche Untersuchungen sogenannte Berufsprestige-Rangskalen (Bild 22). Diese Rangskalen beruhen meistens auf Mittelwerten und differieren nach Geschlecht, Wohnregion und Schichtzugehörigkeit, d. h., die Prestigezuteilung ist auch eine Funktion der Zugehörigkeit zu einem bestimmten sozio-kulturellen Kontext[84].

Wenngleich für die Lösung des restlichen Fragenkomplexes weitere Untersuchungen erforderlich sind, so erscheint doch – durch die vorhandenen Ergebnisse – für Personalbeschaffungsmaßnahmen folgendes zuzutreffen:

- Da in der Bevölkerung bezugsgruppenspezifische Berufsprestigerangordnungen existieren, muß die jeweils spezifische Prestigestruktur des betreffenden Berufes bekannt sein,
- da es prestigemäßig inkompatible als auch prestigemäßig kompatible Berufspositionen gibt, dürfen, um psychologische Störfaktoren bei der Kontaktaufnahme zum Bewerber zu vermeiden, nur kompatible Berufspositionen innerhalb einer Anwerbemaßnahme umworben werden [85].

Neben diesen grundlegenden Erkenntnissen über die Problematik des sozialen Prestiges der verschiedenen Berufe ist die Analyse der Bewertungskriterien von Interesse. Vereinfachend können hier folgende, das Sozialprestige der Berufe bestimmende Kriterien genannt werden:

- die Persönlichkeitsfaktoren der Meinungsträger,
- die bestehenden gesellschaftlichen Ziel- und Wertvorstellungen,
- die Erziehungsstile,
- der kognitive Informationsgehalt der Berufsbezeichnungen,
- die Breite der Orientierungsbasis der Meinungsträger über die Berufswelt,
- die Knappheit bestimmter Tätigkeiten,

- die Zugänglichkeit bzw. die Anforderungen in Form von Eintrittsbedingungen,
- die Macht und der Dispositionsspielraum der Tätigkeit,
- die Sauberkeit der Arbeit,
- das technologische Niveau und
- die Modernität des Berufes [87].

Die Informationen über das Prestige der Berufe und die relevanten Einflußfaktoren sowie über die Zukunftschancen der Berufe und die Entwicklung und Variation der Berufsanforderungen befähigen die Organisation nicht nur zu einem zielorientierten Einsatz der spezifischen Berufsbezeichnung im Rahmen der Personalbeschaffungsaktivitäten, sondern darüber hinaus auch – in begrenztem Maße – zu einer Verbesserung oder Revision der Berufsvorstellungen am Arbeitsmarkt durch entsprechende Informations- und Public Relations-Maßnahmen.

2.3 Informationen der Personalforschung

Wie schon dargelegt, besteht die Aufgabe der Personalbeschaffung in der Deckung eines personellen Fehlbestandes, d. h. in der Anwerbung und Eingliederung von Mitarbeitern für zu besetzende Stellen. Dies erfordert eine entsprechende Information der Mitglieder des Arbeitsmarktes. Durch interne und/oder externe Werbemaßnahmen versucht die Organisation einen beruflichen Entscheidungsprozeß anzubahnen oder einen schon bestehenden zu beeinflußen. Die Werbemaßnahmen beziehen sich dabei nicht nur auf Berufsanfänger, sondern auch auf bereits Berufstätige. Letztere sollen durch entsprechende Informationen in die Lage versetzt werden, ihre berufliche Tätigkeit oder bisherige Karriere zu überprüfen und eine eventuelle Neuorientierung vorzunehmen. Aus dieser Zielsetzung resultiert die Forderung nach einer mitarbeiterorientierten Information der potentiellen und vorhandenen Mitarbeiter durch Personalbeschaffungsaktivitäten. Dies bedeutet, daß die Organisation sich nicht nur mit kurzen, stereotypen Angaben selbst vorstellt, sondern primär sein Informationsverhalten und die Informationsinhalte an den Bedürfnissen und Interessen der Arbeitsmarktteilnehmer orientiert. Wenngleich diese Interessen und Bedürfnisstrukturen in den verschiedenen Teilarbeitsmärkten in aller Regel differieren, so kann doch generell festgestellt werden, daß Voraussetzung einer mitarbeiterorientierten Vorgehensweise im Rahmen der Personalbeschaffung fundierte Kenntnisse über den speziellen Entscheidungsprozeß sowie die Motivation und Einstellung der Menschen zur beruflichen Arbeit sind.

Um den Entscheidungsprozeß über Ein- und Austritt sowie eine interne Positionsveränderung durch gezielte Informationen zu beeinflussen, sind die relevanten Einflußgrößen zu analysieren. Bild 23 zeigt eine zwar keineswegs vollständige Aufzählung der Beziehungen zwischen den Entscheidungsdeterminanten, erscheint aber geeignet, die Komplexität der Eintritts- oder Veränderungsentscheidung zu verdeutlichen. Denn aus ihr gehen nicht nur die Einflußgrößen der Eintrittsentscheidung eines Bewerbers hervor, sondern auch „. . . die Gründe, die ihn zur Aufgabe veranlassen, sofern er bei seinem Eintrittsentschluß gleichzeitig sein bisheriges Arbeitsverhältnis aufgibt“ [88].

Die Einflußgrößen der Teilnahmeentscheidung resultieren zusammengefaßt, vereinfacht dargestellt aus:

- der spezifischen Umweltsituation des Bewerbers und der Organisation,
- der vom Bewerber subjektiv wahrgenommenen personalpolitischen Situation der Organisation und
- der Persönlichkeitsstruktur des Bewerbers.

Wenngleich die Kenntnis der Einflußgrößen der Teilnahmeentscheidung für die Organisation von Nutzen ist, so muß doch festgestellt werden, daß ihre Einflußnahme auf die verschiedenen Entscheidungsdeterminanten begrenzt ist. Unter dem Gesichtspunkt der Personalbeschaffung ist speziell die Frage von Bedeutung, welche Aussagen motivierend im Hinblick auf Eintritt oder Positionsveränderung wirken. Deshalb wird an dieser Stelle erneut die Problematik der Motivation angesprochen.

Die Motivationspsychologie, die sich mit der beruflichen Arbeit beschäftigt, unterscheidet zwei große Gruppen von Motiven:

„a) jene Motive, die nicht durch das Tätigsein selbst, sondern durch die Folgen der Tätigkeit oder durch deren Begleitumstände befriedigt werden. Man nennt sie extrinsische Arbeitsmotive, ferner

b) jene Motive, die durch die Tätigkeit selbst befriedigt werden. Man nennt sie intrinsische Arbeitsmotive“ [90].

v. Rosenstiel bezeichnet als extrinsische Arbeitsmotive:

- den Wunsch nach Geld,
- das Sicherheitsbedürfnis,
- das Geltungsbedürfnis,
- die Sexualität,

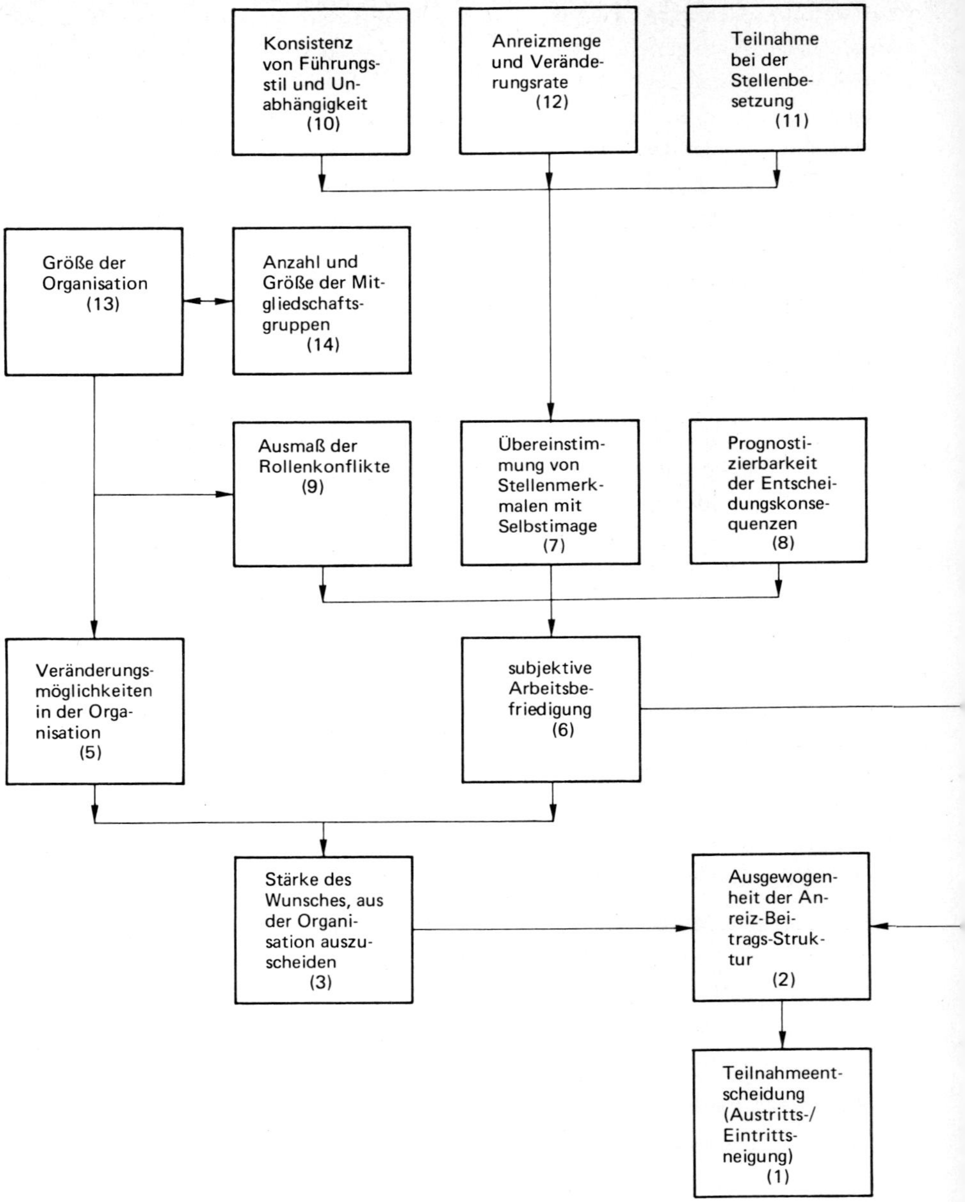

Bild 23 Einflußgrößen der Teilnahmeentscheidung [89]

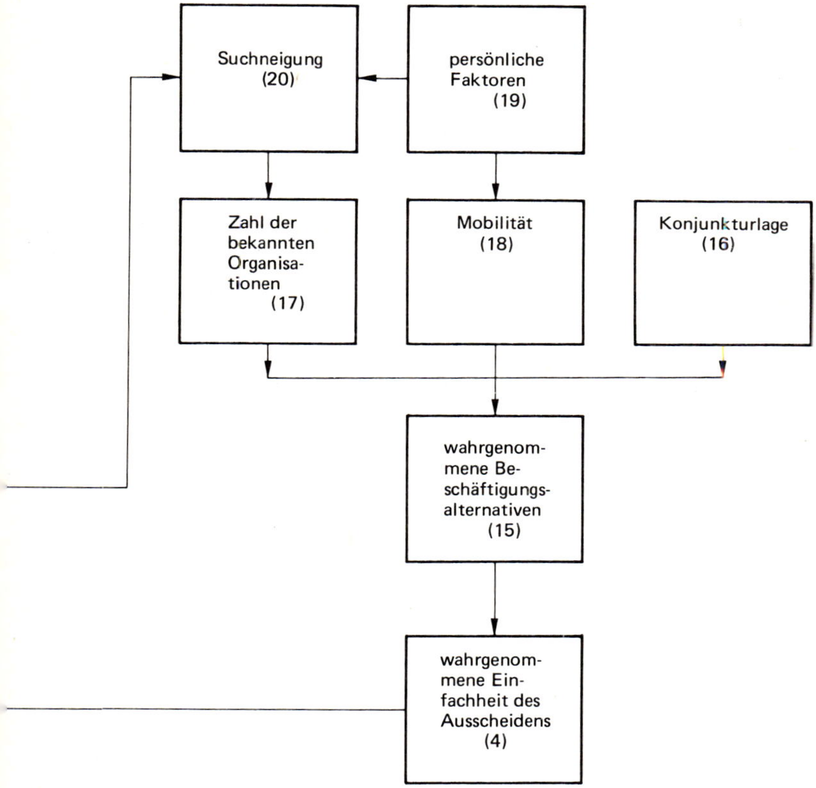

Suchneigung
(20)
persönliche
Faktoren
(19)
Zahl der
bekannten
Organisa-
tionen
(17)
Mobilität
(18)
Konjunkturlage
(16)
wahrgenom-
mene Be-
schäftigungs-
alternativen
(15)
wahrgenom-
mene Ein-
fachheit des
Ausscheidens
(4)

und als intrinsische:

- den Wunsch nach Energieabfuhr,
- das Kontaktbedürfnis,
- die Leistungsmotivation,
- das Machtstreben,
- den Wunsch nach Sinngebung und Selbstverwirklichung [91].

Diese zahlreichen beruflichen Erwartungen sind in ihrer Stärke und Bedeutung in den verschiedenen Teilarbeitsmärkten unterschiedlich ausgeprägt vorzufinden. Deshalb genügt es nicht, sie nur artmäßig zu erfassen, sondern ihre Gewichtung durch die Mitglieder der Teilarbeitsmärkte ist zu erforschen. An einem Beispiel aus dem Arbeitsmarkt der amerikanischen Hochschulabsolventen untersucht *Schein* die Bedeutung der beruflichen Erwartungen von aktuellen und potentiellen Mitarbeitern. Er bringt einen Katalog von Erwartungen der Hochschulabsolventen, der u. a. folgende Faktoren enthält:

sehr wichtig:

- Aufstiegsmöglichkeiten
- soziales Ansehen
- Verantwortung
- Anwendung von Spezialkenntnissen

wichtig, jedoch nicht zu sehr:

- Eine stabile und sichere Zukunft
- Die Möglichkeit, Führungseigenschaften zu beweisen
- Keine Überwachung [92].

Liegt eine Rangordnung der beruflichen Erwartungen für jeden relevanten Arbeitsmarkt vor und erfolgte die Konzeption des personalpolitischen Instrumentariums der Organisation dementsprechend, so können im Rahmen der Personalbeschaffungsaktivitäten ziel- und mitarbeiterorientierte Werbeaussagen formuliert und gestaltet werden. Diese befähigen die aktuellen und potentiellen Mitarbeiter, ihre Entscheidungsfindung auf der Basis relevanter, von ihnen nachgefragter und für sie operationaler Informationen zu treffen.

Infolge der im Zeitablauf durch zahlreiche Faktoren bedingten Variationsmöglichkeiten der beruflichen Erwartungsstrukturen sind die relevanten Rangreihen durch fortwährende Beobachtung und Forschung zu überprüfen, d. h., die Ergebnisse der Personalforschung dynamisieren u. a. den Prozeß der Sammlung personalbeschaffungsrelevanter Informationen.

2.4 Informationen über die zu besetzende Stelle

Im Rahmen des Personalmarketing versuchen die personalpolitischen Anwerbemaßnahmen, den potentiellen Mitarbeitern möglichst vollständige, objektive Informationen über die zu besetzende Position zu vermitteln. Die Zielsetzung der Werbemaßnahmen besteht dabei nicht in einer möglichst großen Anzahl von Bewerbungen, sondern in der positionsspezifischen Qualifikation des Bewerbers, d. h., die verlangte Qualifikation muß dem Grad der Anforderungen der betreffenden Position entsprechen. Die Realisation dieser Zielsetzung setzt voraus, daß der Bewerber sowohl über die Anforderungen die ihn am betreffenden Arbeitsplatz erwarten als auch über die Fähigkeiten und Faktoren, die ihn als geeignet auszeichnen, informiert wird.

Die Sammlung von Informationen über den Inhalt und die Anforderungen einzelner Tätigkeiten kann in sehr unterschiedlicher Weise erfolgen. Beispielhaft können folgende Wege genannt werden:

„a) Intuition des Diagnostikers,

b) Erfahrung in der speziellen Tätigkeit durch eigene Ausführung,

c) Besichtigung des Arbeitsplatzes und Beobachtung der notwendigen Handlungsvollzüge,

d) Arbeitsplatzbeschreibung oder Berufsbild,

e) Arbeitsanalyse“ [93].

Unter den genannten Methoden kommt der Arbeitsanalyse besondere Bedeutung zu. Sie läßt sich gliedern in die

- Arbeitsbeschreibung und
- Anforderungsanalyse.

Die Zielsetzung der Arbeitsbeschreibung ist eine Bestandsaufnahme und Beschreibung aller mit der Arbeitsausführung in Beziehung stehender Einflußgrößen und Belastungsfaktoren. Sie soll Auskunft geben auf die Fragen:

- was muß getan werden,
- wie muß es getan werden,
- warum muß es getan werden,
- wie häufig muß es getan werden?

Vor allen Dingen erfaßt die Arbeitsbeschreibung die Arbeitsumgebung, den Arbeitsbereich, die körperliche und geistige Beanspruchung, die Zuständigkeiten und die Verantwortung sowie den sozialen Kontakt [94] (Bild 24).

Position/Stelle: Mittleres Management Unterstellt: ___________

Zielsetzung der Stelle:

Verbindungsglied zwischen dem Management und der Produktion; verantwortlich für die gewinnbringende Realisierung der Politik des Unternehmens.

Aufgaben der Stelle:

(1) Information des Managements über Preis- und Trendvorhersagen.

(2) Information des Managements über Gewinn und Verlust in jeder Abteilung.

(3) Kenntnis der speziellen Aufgaben und Pflichten jeder zu überwachenden Abteilung.

(4) Überwachung der Ausbildung.

(5) Ausstattung der Arbeitsanweisungen mit der entsprechenden Autorität.

Zusätzliche Verantwortungsanforderungen:

(1) Repräsentation der Unternehmung bei Tagungen, Clubs etc.

(2) Pflege guter Arbeitgeber-Arbeitnehmer-Beziehungen.

Entscheidungsbefugnis, Kompetenz

(1) Durch Top-Management und Vorstand spezifiziert.

(2) Vorrangig die Überwachung der Ausführung der Entscheidungen des Top-Managements, jedoch auch Entwicklung von Eigeninitiativen (Ausmaß von der Größe der Unternehmung abhängig).

(3) Direkte Überwachungsaufgaben sind von der Größe der Unternehmung abhängig.

Arbeitszeit

Erfüllung der Arbeitsaufgaben, ohne Familie und Gesellschaftsverpflichtungen zu vernachlässigen.

Bild 24 Beispiel einer Stellenbeschreibung [95)]

Aufbauend auf den Ergebnissen der Arbeitsbeschreibung kommt es bei der Anforderungsanalyse darauf an, die für die spezifische Position erforderlichen Anforderungsarten und -merkmale sowie den Anforderungsgrad festzulegen. Sie fixiert was der potentielle Stelleninhaber beispielsweise an Wissen, Können, Charakter- und Führungseigenschaften mitbringen muß, um den Tätigkeitsbereich anforderungsadäquat abdecken zu können. Während Bild 25 ein mögliches Schema der Anforderungsmerkmale aufzeigt, bringt Bild 27 die entsprechenden Anforderungshinweise für die in Bild 24 dargestellte Position.

Anforderungskategorien	Anforderungsmerkmale	Unterscheidungskriterien
I. Körperliche Anforderungen	1. Körpergröße	Mindestgröße: Höchstgröße:
	2. Leistungsfähigkeit	bezogen auf Dauerbelastung bezogen auf Momentanbelastung
	3. Allgemeiner Gesundheitszustand	Kreislauf (Herz) Lunge (Staub, Chemikalien) Verdauungssystem (Chemikalien) Haut (Allergien) Extremitäten (Beschädigteneinsatz)
	4. Sehleistung	Nahsehen (30 cm oder ähnlich) Weitsehen (8 m oder ähnlich) Tiefensehen Farbtüchtigkeit
	5. Andere Sinnesleistungen	Gehör Geschmack Geruch ....
	6. Geschicklichkeit	Körpergeschick (z. B. für Montagearbeiten) Hand- und Fingergeschick (z. B. für Feinarbeiten)
II. Anforderungen an die Intelligenz	1. Verbale u. sachlogische Intelligenzkomponenten	Sprachliches Denken Mathematisches Denken Abstraktionsfähigkeit Kombinationsfähigkeit
	2. Praktisch-technische Intelligenzkomponenten	Organisationsfähigkeit Anpassungsfähigkeit an Arbeitswechsel Technisches Verständnis Technisch-konstruktives Denken Raumvorstellung
III. Anforderungen an die Aufmerksamkeit	1. Grad der Anspannung (Gerichtetheit der Aufmerksamkeit)	Mehr genaue Detailerfassung Mehr ganzheitliche Erfassung
	2. Beachtungsumfang (Verteilung der Aufmerksamkeit)	Großes, mittleres, kleines Aufmerksamkeitsfeld

Fortsetzung auf Seite 86

Bild 25 Entwurf eines Formblattes für ein System der Anforderungsmerkmale [96)]

Fortsetzung von Bild 25

Anforderungskategorien	Anforderungsmerkmale	Unterscheidungskriterien
IV. Anforderungen an die Persönlichkeits- und Sozialstruktur des Menschen	1. Anforderungen an den Willen	Willensstoßkraft (Momentanaktivität) Willensspannkraft (Dauerbelastung, Monotonie) Steuerungsfähigkeit (Regulation des Verhaltens)
	2. Anforderungen an die Verantwortungsbereitschaft	Verantwortung für Eigenarbeit Verantwortung für Leben und Sicherheit anderer Verantwortung für Betriebsmittel und Werkstoffe
	3. Anforderungen an die Sozialstruktur	Einzelarbeit Gruppenarbeit Ein- und Unterordnungsbereitschaft
	4. Anforderungen an die Führungseigenschaften	Durchsetzungsfähigkeit Persönlichkeitsniveau

Aus diesen Bildern geht deutlich hervor, daß die Verwendung der Informationen der Arbeitsanalyse im Rahmen von Personalbeschaffungsaktivitäten den aktuellen und potentiellen Mitarbeiter befähigen, die speziell nachgefragten Anforderungsarten und -merkmale sowie deren Ausprägungsgrade mit dem individuellen Eignungspotential zu vergleichen. Im Idealfall decken sich die nachgefragten Anforderungen und die vorhandenen Eignungen sowohl beim Bewerber als auch in der gesamten Organisation.

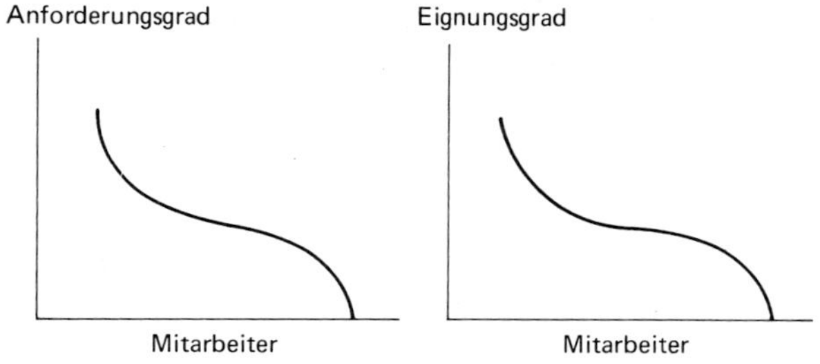

Bild 26 Anforderungs- und Eignungskurve

Bezeichnung der Stelle: **Mittleres Management**

Alter:	mindestens 25 bis 30 höchstens 40 erwünscht, jedoch nicht Bedingung
Ausbildung:	Abgeschlossene Schulausbildung Gute Allgemeinbildung mit wirtschaftlichen Kenntnissen Erwünschte Spezialkenntnisse: Grundkenntnisse im Rechnungswesen, Verkauf, Blumenzucht; Mitwirkung in der Schülermitverwaltung und außerschulische Aktivitäten erwünscht.
Gesundheit:	Guter Gesundheitszustand, gefühlsmäßige Stabilität
Arbeitsbelastung und Tempo:	hohe Anpassungsfähigkeit an zunehmende oder wechselnde Belastung
Erscheinung:	ordentliche Erscheinung; sollte allgemein akzeptierte Kleidung tragen
Geisteshaltung:	Wachsamkeit; Fähigkeit des aufgeschlossenen Zuhörens
Spezielle Eigenschaften:	Flexibilität; Führungseigenschaften
Berufserfahrung:	Erfahrungen in der Blumenbranche, systematischer beruflicher Werdegang
Spezialkenntnisse oder -fähigkeiten:	exakte Blumenkenntnisse; Verständnis finanzieller Vorgänge
Bedienung von Spezialwerkzeugen oder Maschinen:	nicht erforderlich
Persönlichkeitsausprägung:	stark ausgeprägte Stabilität und Zuverlässigkeit; fähig, Verantwortung in Belangen der Unternehmung und der Gesellschaft zu übernehmen
Selbstvertrauen:	eigeninitiativ und entscheidungsfreudig
Führungsqualität:	Muß in der Lage sein, Anordnungen in einer freundlichen und verbindlichen Art zu geben, mit Verständnis für die Stärken und Schwächen der Untergebenen
Kreativität:	erwünscht
Sonstige Anforderungen:	

Bild 27 Beispiel eines Anforderungskataloges für eine Stelle [97]

Darüber hinaus kann sich die Organisation durch diese Vorgehensweise vor nicht geeigneten Bewerbern schützen und sich dadurch Zeit und Kosten sowie eine negative Beeinflussung des Images auf dem Arbeitsmarkt ersparen.

Abschließend sei noch vermerkt, daß die Ermittlung der Anforderungsarten und -grade nicht einmalig, sondern ständig erfolgen muß. Denn durch Umorganisation, Rationalisierungs- und Modernisierungsinvestitionen ist ein Großteil der Anforderungen einem steten Wandel unterzogen. Werden einmal festgelegte Anforderungen nicht von Zeit zu Zeit einer Revision unterzogen, so besteht die Gefahr, daß die Organisation für zu besetzende Stellen Mitarbeiter mit größerem oder kleinerem Eignungspotential anwirbt, als tatsächlich erforderlich ist.

2.5 Informationen über gesetzliche Bestimmungen

Die Kenntnis einschlägiger gesetzlicher Bestimmungen liefert die gesicherte Basis für legale Personalbeschaffungsaktivitäten. Insbesondere sind für diesen Problembereich relevant:

- das Grundgesetz,
- das Arbeitsförderungsgesetz (AFG) vom 25.6.1969 (BGBl. I S. 582). Das AFG trat an die Stelle der früheren Gesetze über Arbeitsvermittlung und Arbeitslosenversicherung (AVAVG) vom 16.7.1927 und 3.4.1957,
- das Betriebsverfassungsgesetz vom 15.1.1972 (BGBl. I S. 13),
- das Personalvertretungsgesetz,
- das Arbeitsrecht,
- über- und zwischenstaatliche Rechtsabkommen,
- sonstige Gesetze, z. B.
    - Gesetz über die Beschäftigung Schwerbeschädigter vom 14.8.1961 (BGBl. I S. 1233),
    - Bundessozialhilfegesetz vom 18.9.1969 (BGBl. I S. 1688),
    - Rechtsvorschriften für die Beschäftigung ausländischer Arbeitnehmer,
    - Gesetz zur Regelung der gewerbsmäßigen Arbeitnehmerüberlassung,
    - Gesetze für besonders geschützte Arbeitnehmergruppen.

Für Einzelfragen der Personalbeschaffung stellen gesetzliche Bestimmungen Begrenzungsfaktoren dar, und in ihrer Gesamtheit und ihrem Zusammenwirken stecken sie den Entscheidungs- und Handlungsspielraum der Organisation für personelle Anwerbemaßnahmen ab. Im Rahmen dieser Ausführungen muß indes auf eine ausführliche Darstellung der verschiedenen rechtlichen Bestimmungen verzichtet werden. Es werden lediglich kurze Ausführungen in Form von Hinweisen zu besonders wichtigen Fragestellungen gemacht, und zwar speziell für die Unternehmung. Hier bieten sich als relativ abgegrenzt und isoliert betrachtet folgende Teilfunktionen der Personalbeschaffung an:

- die Einstellung,
- die Versetzung,
- die Anwerbung,
- die Berufsbildung,
- die Auswahl,
- der Arbeitsvertrag.

Die Einstellung wird tangiert vom Arbeitsrecht durch Regelungen über Vertragsvorverhandlungen, die Vorstellungskosten, die Haftung, die Sorgfaltspflicht[98)] sowie durch die im Arbeitsförderungsgesetz verankerte Auskunfts- und Meldepflicht[99)] über personelle Einstellungsmaßnahmen. Darüber hinaus ist besonders einschneidend die Forderung des Betriebsverfassungsgesetzes von 1972 bzgl. Unterrichtung des Betriebsrates über die Personalplanung (§ 92) [100)] sowie über jede Einstellung (§ 99) [101)]. Da nach dem Gesetz die geplante Einstellung ohne die Zustimmung des Betriebsrates grundsätzlich so lange unterbleiben muß, bis die Zustimmung des Betriebsrates erklärt oder rechtskräftig durch das Arbeitsgericht ersetzt worden ist [102)], ist eine gute Zusammenarbeit zwischen dem Management und dem Betriebsrat empfehlenswert. Je nach vorliegendem Einstellungsbedarf können für das Unternehmen unter Umständen die im AFG festgelegten Förderungs- und Zuschußmaßnahmen der Bundesanstalt für Arbeit relevant werden. Es handelt sich hierbei insbesondere um Zuschüsse für Maßnahmen des Unternehmens hinsichtlich des Anlernens, der Umschulung und der Eingliederung besonderer Arbeitnehmergruppen [103)].

Den Bereich der Versetzung betreffend, ist hier vor allem die im Betriebsverfassungsgesetz festgelegte Mitwirkung des Betriebsrates zu nennen [104)].

Den Komplex der Anwerbung von Mitarbeitern für zu besetzende Stellen betreffend, kann der Betriebsrat verlangen, daß diese Arbeitsplätze allgemein oder für bestimmte Arten von Tätigkeiten vor ihrer Besetzung innerhalb des Betriebes ausgeschrieben werden (§ 93 BVG). Ferner sind hier die Bestimmungen des AFG relevant, die das sogenannte Vermittlungsmonopol der Bundesanstalt für Arbeit regeln [105]. Bei Anwerbung von ausländischen Mitarbeitern sind, soweit nicht zwischenstaatliche Vereinbarungen oder die Rechtsvorschriften der Europäischen Wirtschaftsgemeinschaft (EWG) [106] entgegenstehen, die speziellen Vorschriften des AFG zu beachten [107].

Von besonderer Bedeutung, zumal in Zeiten angespannter Arbeitsmarktverhältnisse (Voll- und Überbeschäftigung), erscheint das Problem der Abwerbung. Denn jede außerbetriebliche Anwerbemaßnahme, sofern sie sich nicht auf neu ins Berufsleben Tretende, auf das Arbeitskräftereservoir (Rentner, Frauen etc.) oder den ausländischen Arbeitsmarkt bezieht, versucht Mitarbeiter, die in anderen Organisationen in festen Vertragsverhältnissen stehen, abzuwerben und zum Eintritt in sein Unternehmen zu gewinnen. Da über das Problem der Abwerbung in der Praxis häufig Unsicherheit besteht, soll darauf kurz eingegangen werden. Hierzu erscheint die rechtliche Darstellung der Abwerbung des Arbeitsringes der Arbeitgeberverbände der Deutschen chemischen Industrie e. V., Wiesbaden, anschaulich und erschöpfend, so daß es ratsam erscheint, sie vollständig wiederzugeben.

„1. Was ist Abwerbung?

Abwerbung liegt dann vor, wenn ein Arbeitnehmer unter Versprechung von höheren Löhnen (Locklöhnen) oder allgemein besseren Bedingungen dazu bewegt wird, sein Dienst- oder Arbeitsverhältnis zu lösen und in die Dienste des abwerbenden Betriebes überzutreten.

Abwerbung ist nicht gegeben, wenn der Arbeitnehmer ohnehin entschlossen ist, das Dienstverhältnis zu lösen, also durch das günstigere Angebot nicht erst der Wunsch nach einem Wechsel begründet wird.

2. Ist Abwerbung arbeitsgerichtlich beziehungsweise zivil- oder strafrechtlich faßbar?

a) *Strafrechtlich:* Vor und während des Krieges bestanden Anordnungen des früheren Reichstreuhänders, durch welche die Abwerbung von Arbeitskräften durch Angebot besserer Arbeitsbedingungen untersagt und unter Strafe gestellt war. Heute bestehen u. W. keine strafrechtlichen Handhabungen gegen Abwerbung.

b) *Zivilrechtlich:* Grundsätzlich ist es erlaubt, einen Arbeitnehmer durch das Angebot günstigerer Arbeitsbedingungen zum Stellenwechsel zu veranlassen. Auf dem Arbeitsmarkt gelten die Grundsätze des freien Wettbewerbs. Es kann dem Arbeitnehmer auch nicht verwehrt werden, sich zu verbessern. Aus diesem Grund wurden Abmachungen unter Firmen, nach denen die Firmen keine Arbeitnehmer der anderen beteiligten Betriebe anstellen wollten, wegen Verstoßes gegen Artikel 12 Grundgesetz (Berufsfreiheit) für unzulässig gehalten:

(1) Das Abwerben von Arbeitnehmern des Mitbewerbers (Konkurrenten) verstößt vielmehr erst dann gegen die Grundsätze des lauteren Wettbewerbs oder die guten Sitten (§ 1 UWG, § 826 BGB), wenn das angewandte Mittel oder der erstrebte Zweck sittenwidrig ist. Erst dann, wenn ein Unternehmer einen Arbeitnehmer zum Vertragsbruch verleitet oder bei der Abwerbung unlauteren Wettbewerb betreibt oder wenn der Arbeitnehmer aus dem alten Arbeitsverhältnis ausscheidet, ohne zu kündigen oder ohne nach einer Kündigung die gesetzliche, tarifliche oder vertragliche Kündigungsfrist einzuhalten, kann gegen den abwerbenden Arbeitgeber oder den vertragsbrüchigen Arbeitnehmer vorgegangen werden. Vor allen Dingen in folgenden Fällen liegt danach unzulässige Abwerbung vor:

(aa) Wenn die Abwerbung planmäßig betrieben wird und den Bestand des betroffenen Unternehmens gefährdet.

(bb) Wenn die Abwerbung durch Verleitung des Arbeitnehmers zum Vertragsbruch erfolgt.

(cc) Wenn der Arbeitnehmer durch irreführende Mitteilungen oder durch herabsetzende Äußerungen über den bisherigen Arbeitgeber zur Vertragslösung verleitet wird.

(dd) Wenn der abgeworbene, für den bisherigen Betrieb besonders wertvolle Arbeitnehmer in bezug auf seine Spezialkenntnisse für den neuen Betrieb ohne jede Bedeutung ist.

(2) In den genannten Fällen steht dem betroffenen Arbeitgeber, wenn es sich bei dem abwerbenden Unternehmen um einen Konkurrenten (im weiten Sinne) handelt, nach den §§ 1 UWG und 826 BGB

a) ein Unterlassungsanspruch,

b) ein Anspruch auf Schadenersatz zu.

Ob der neue Dienstvertrag wegen der Abwerbung nichtig ist, läßt sich nur im Einzelfall beurteilen. Es wird in der Regel zu verneinen sein.

(3) Besonders problematisch sind die Fälle, in denen der Arbeitnehmer unter Vertragsbruch seinen Arbeitsplatz verläßt und vor Ablauf der Kündigungsfrist eine neue Tätigkeit aufnimmt. Auch hier besteht gegen den Arbeitnehmer und (oder) den Abwerber ein Schadenersatzanspruch. Fraglich ist nur, ob die Aufnahme der neuen Tätigkeit vor Ablauf der Kündigungsfrist durch einstweilige Verfügung untersagt werden kann. Das wird teils bejaht, teils verneint.

(4) Man kann Abwerbung verhindern durch
   a) Vereinbarung einer Vertragsstrafe für den Fall vorzeitigen Ausscheidens,
   b) Vereinbarung eines Wettbewerbsverbotes,
   c) Absprachen unter den betreffenden Betrieben.

c) *Arbeitsrechtlich:* Typisch arbeitsrechtliche Behelfe bestehen nicht. Man kann jedoch die unter (4) a) und b) genannten Vereinbarungen zum Gegenstand eines Tarifvertrages machen."

Aus diesen Ausführungen geht deutlich hervor, daß die rechtlichen Bestimmungen zu Fragen der Abwerbung recht vage sind, d. h., daß die Abwerbung weniger eine Frage des Rechts, als der Moral ist. Es stehen vielmehr Probleme psychologischer und personalpolitischer Art im Vordergrund.

Durch die Beteiligung des Betriebsrates bei der Aufstellung von Richtlinien für die Auswahl von Bewerbern bei Einstellungen und Versetzungen soll einerseits eine weitgehende Transparenz der bei personellen Maßnahmen angewandten Grundsätze und andererseits eine Versachlichung dieser Grundsätze erreicht werden [108]. Wenn im Auswahlverfahren Personalfragebögen eingesetzt werden, so bedürfen diese der Zustimmung des Betriebsrates (§ 94 BVG). Dadurch sollen die in der Praxis häufig vorkommenden diskriminierenden Fragen und Fragen, die die private Sphäre betreffen, aus den Fragebögen verschwinden [109].

Über die in der Praxis bei der Bewerberauswahl immer häufiger zur Anwendung kommenden Testverfahren ist zu sagen, daß unzulässige Testfragen, z. B. zur Religion, zum Familien- und Eheleben, die verfassungsrechtlich geschützte Persönlichkeitssphäre verletzen und deshalb nicht erlaubt sind. Die Fragen müssen in unmittelbarem Zusammenhang mit der in Aussicht gestellten Position stehen; ansonsten stellen sie einen rechtswidrigen Eingriff in das allgemeine Persönlichkeitsrecht [110] dar. In einem solchen Fall kann der Verletzte auf Beseitigung, bei

Wiederholungsgefahr auf Unterlassung sowie auf Ersatz des erlittenen Vermögensschadens, ja sogar auf Schmerzensgeld als Schadenersatz klagen [111].

Darüber hinaus dürfen Personaltests nur bei vorliegender Einwilligung durchgeführt werden, d. h., kein Bewerber ist verpflichtet, sich einem Testverfahren zu unterziehen [112].

Der nach erfolgter Auswahlentscheidung abzuschließende Arbeitsvertrag unterliegt den rechtlichen Bestimmungen des Arbeitsrechts [113].

Abschließend sei noch bemerkt, daß, wenn im Rahmen von Personalbeschaffungsmaßnahmen Bildungsvorhaben (z. B. um nach erfolgter Schulung bestimmte Positionen zu besetzen) geplant sind, die einschlägigen Bestimmungen des AFG und des Betriebsverfassungsgesetzes zu beachten sind [114].

Die in groben Zügen aufgeführten gesetzlichen Bestimmungen stellen den rechtlichen Entscheidungsrahmen für Maßnahmen der Personalbeschaffung dar. Zum Schluß sei nochmals erwähnt, daß in einem Unternehmen nur dann eine für alle Beteiligten erfolgreiche Personalbeschaffung, ja sogar Personalarbeit geleistet werden kann, wenn die Basis für alle Maßnahmen u. a. eine einwandfreie Rechtsgrundlage ist.

3. Die Methoden der Personalbeschaffung

Nach der Entscheidung über den Personalbedarf und der Ermittlung der relevanten Informationen muß die Organisation versuchen, die geeigneten Mitarbeiter ausfindig zu machen, mit ihnen in Verbindung zu treten und sie für einen Vertragsabschluß zu gewinnen. Die verschiedenen Möglichkeiten einer dergestalten Vorgehensweise sollen als Methoden der Personalbeschaffung bezeichnet werden.

Grundsätzlich besteht ihre Aufgabe in der aktiven, bewußten Vermittlung einer Botschaft der Organisation an potentielle und aktuelle Mitarbeiter. Diese soll die von der Organisation beabsichtigten Reaktionen im Umworbenen hervorrufen, d. h. entweder bestehende Einstellungen verstärken oder neue Einstellungen schaffen bzw. vorhandene ändern [115)]. Dies setzt voraus, „daß die Zeichen und ihre Kombination, aus denen jede Botschaft besteht, nicht nur für den Kommunikator, sondern auch für den Rezipienten eine bestimmte Bedeutung haben und daß deren Bedeutungszuordnungen mehr oder weniger übereinstimmen" [116)].

Auf den Personalsektor übertragen bedeutet dies, daß die potentiellen und vorhandenen Mitarbeiter durch Methoden der Marktkommunikation (Beschaffungsmethoden) darüber informiert werden, daß

- eine Stelle bzw. Stellen in der Organisation zu besetzen sind,
- die zu besetzende Stelle eine bestimmte Ausstattung besitzt,
- ein spezielles Anforderungsprofil vorliegt sowie
- ein entsprechendes Eignungsprofil vom Bewerber erwartet wird.

Nur dann, wenn in den Methoden der Personalbeschaffung diesen Kriterien entsprochen wird, besteht die Chance, den Personenkreis anzusprechen, der erreicht werden möchte. Denn zum einen ist durch die klaren und detaillierten Informationen der Bewerberkreis exakt abgesteckt, und zum anderen werden potentielle Bewerber nicht durch marktschreierische Werbeaussagen – wie etwa im Stile der Konsumentenwerbung – abgeschreckt.

Daraus ist jedoch nicht zu folgern, daß moderne Methoden der Werbeaktivitäten im Personalmarketing nicht verwendbar sind. Im Gegenteil, das Personalmarketing muß bemüht sein, durch Einsatz moderner Methoden und Medien – wie etwa in der Absatzwerbung verwendet – wesentlich informativer und zugleich motivierender zu sein, d. h., sie muß die Informationsbedürfnisse der potentiellen und aktuellen Mitarbeiter abdecken.

Grundsätzlich stehen zwei Hauptmöglichkeiten der Beschaffung zur Auswahl: die interne Personalbeschaffung und die externe Personalbeschaffung.

Dabei ist die Frage nach interner oder externer Personalbeschaffung nicht aufeinander ausschließende Möglichkeiten gerichtet, sondern vielmehr nach dem Verhältnis, in welchem sie zu nutzen sind. Hierzu lassen sich jedoch keine generalisierenden Faustregeln aufstellen, sondern die diesbezügliche Entscheidung ist abhängig vom speziellen Beschaffungsfall sowie der situativen Arbeitsmarktlage.

Es sei noch vermerkt, daß eine selbständige, unaufgeforderte Bewerbung – hervorgerufen durch verschiedene Einflußfaktoren wie beispielsweise Mundwerbung, Ruf des Unternehmens am Arbeitsmarkt etc. – nicht unmittelbar zu den Methoden der Personalbeschaffung zählt [117)]. Diese setzen vielmehr die Aktivität des Bewerbers voraus [118)].

Im folgenden werden die Methoden der Personalbeschaffung kurz dargestellt. Im Rahmen dieser Ausführungen muß sich jedoch ihre Behandlung auf die Herausstellung der Kernpunkte sowie der Vor- und Nachteile der einzelnen Methoden beschränken. Sie können nicht als umfassende Gestaltungs- und Ausführungstechniken bezeichnet werden.

3.1 Methoden der internen Personalbeschaffung

Die Methoden der internen Personalbeschaffung umfassen alle Entscheidungen und Maßnahmen der Organisation, die darauf ausgerichtet sind, die Deckung eines Personalbedarfs auf dem internen Arbeitsmarkt vorzunehmen. Vor allem bieten sich hier folgende Möglichkeiten:

- die interne Stellenausschreibung,
- der Einsatz von Ausbildungsaktivitäten,
- die Laufbahnplanung und
- die Lehrlingsausbildung.

3.1.1 Die interne Stellenausschreibung

Wie schon dargelegt, kann im privatwirtschaftlichen Bereich der Betriebsrat die innerbetriebliche Stellenausschreibung verlangen. Hierunter ist zu verstehen, daß freigewordene oder neu geschaffene Arbeitsplätze in der Unternehmung ausgeschrieben werden und jeder Mitarbeiter das Recht hat, sich zu bewerben.

Die Anwendung der internen Stellenausschreibung kann auf folgenden Überlegungen basieren:

- Nutzung brachliegender beruflicher Fähigkeiten und Kenntnisse vorhandener Mitarbeiter,
- Abbau der stillen Arbeitskräftereserven und ihre Heranführung an neue Bedarfspunkte,
- Vermeidung von Fluktuation (damit indirekt Reduzierung der Personalbeschaffungsaktivitäten) durch Einsatz von unausgelasteten und unzufriedenen, veränderungswilligen Mitarbeitern an neuen Stellen,
- Anwendung einer Personalkonzeption, die darauf abzielt, die in der Organisation vorhandenen Aufstiegs-, Verdienst- und Versetzungschancen in erster Linie den eigenen vorhandenen Mitarbeitern zu erschließen.

Die interne Stellenausschreibung hat für den Mitarbeiter und die Organisation folgende Vorteile:

- Jeder Mitarbeiter weiß, daß er bei entsprechenden Leistungen Aufstiegschancen hat. Dieses Wissen kann bewirken, daß bisher brachliegende Fähigkeiten von Mitarbeitern aufgedeckt und eingesetzt werden und durch den besseren anforderungs- und eignungsentsprechenden Einsatz mehr Leistung und Zufriedenheit erzielt wird.

- Geeigneten und veränderungswilligen Mitarbeitern bietet sie die Möglichkeit, innerhalb der Organisation beruflich weiter zu kommen, den Verdienst zu verbessern oder zu einer interessanteren Tätigkeit überzuwechseln. Dies bedingt in aller Regel für den Mitarbeiter nicht nur einen Anreiz, die eigene Leistungsfähigkeit voll zu entfalten und die größeren Entfaltungsmöglichkeiten zu realisieren, sondern auch eine Erhöhung der Verbleibmotivation, wodurch die Fluktuation – und damit die Beschaffungsnotwendigkeiten – gesenkt wird.

- Da sich alle Mitarbeiter um die ausgeschriebene Position bewerben können, erhält der einzelne einen größeren Spielraum in der Verfolgung seiner beruflichen Vorstellungen. Die Organisation dokumentiert durch die interne Stellenausschreibung ihr Interesse an jedem Mitarbeiter, was das Verhältnis Mitarbeiter/Organisation positiv beeinflussen kann.

- Häufig kann sich der interne Bewerber ein klareres Bild über die angebotene Stelle machen als der externe. Andererseits ist die Organisation eher in der Lage, seine Eignung – fachlich und persönlich – für die betreffende Tätigkeit zu beurteilen.
- Ferner ist der interne Bewerber mit den inneren Verhältnissen bereits vertraut, was ihm Einarbeitungsschwierigkeiten sowie Einarbeitungszeit und -kosten ersparen hilft.
- Die interne Stellenausschreibung kann älteren Mitarbeitern und Mitarbeiterinnen den Wechsel zu einer ihren spezifischen Leistungsfähigkeiten entsprechenden Tätigkeit ermöglichen.
- Die interne Ausschreibung sichert die Kontinuität und kann dazu beitragen, daß die personalpolitischen Leitlinien und Verhaltensweisen nicht durchbrochen werden (z. B. durch zu hohe Gehaltsansprüche von externen Bewerbern)[119].

Den zahlreichen Vorteilen der internen Stellenausschreibung stehen allerdings folgende nicht unerhebliche Nachteile gegenüber:

- Bei der Auswahl interner Bewerber besteht die Gefahr, daß die Betriebsblindheit gefördert und auf neue Impulse und Anstöße von außen verzichtet wird.
- Wird nur die interne Ausschreibung eingesetzt, so fehlt bei der Auswahl der Vergleich mit den Fähigkeiten der Externen.
- Das Eintreffen – gemeinsam oder einzeln – dieser Tatbestände kann dazu führen, daß die Positionen nicht optimal besetzt werden und dadurch langfristig das Leistungsniveau der Organisation absinken kann.
- Darüber hinaus können sogar erhebliche Einarbeitungszeiten und -kosten entstehen. Denn durch den internen Stellenwechsel ergibt sich die Notwendigkeit der Neubesetzung von mindestens zwei, wenn nicht sogar von mehr Arbeitsplätzen.
- Wenn kein Personalüberhang besteht, dann verlagert die interne Beschaffung lediglich den Personalbedarf. Denn jeder interne Stellenwechsel bedeutet, daß ein anderer Arbeitsplatz über den Arbeitsmarkt zu besetzen ist. Diese Verlagerung kann Arbeitsplätze betreffen, deren Besetzung aus arbeitsmarktpolitischen Gründen besonders schwierig ist.
- Schließlich sei noch darauf hingewiesen, daß sich Schwierigkeiten durch die interne Stellenausschreibung ergeben können, wenn interne Bewerber infolge Überschätzung der eigenen Fähigkeiten bei der Auswahl nicht berücksichtigt werden konnten. Die hierdurch hervor-

gerufene Verärgerung und Unzufriedenheit kann sich negativ auf das Arbeitsverhältnis und -klima auswirken und langfristig – wenn keine entgegenwirkenden, ausgleichenden personalpolitischen Schritte unternommen werden – zum Ausscheiden des Mitarbeiters führen.

Die aufgezeigten Vor- und Nachteile sind nicht geeignet, eine generelle Aussage für oder wider die interne Stellenausschreibung abzugeben. Über diesen Vorteilsvergleich hinaus hängt die Entscheidung über den Einsatz dieser Personalbeschaffungsmethode von der jeweils ausgeschriebenen Stelle, dem vorhandenen Mitarbeiterpotential und der aktuellen Arbeitsmarktlage ab.

Damit eine interne Stellenausschreibung für alle Mitarbeiter überschaubar, operational und überprüfbar wird, sollte ihre Durchführung in Richtlinien und Vereinbarungen geregelt sein. Darin sollten die Voraussetzungen, unter denen sich ein Mitarbeiter für eine Position bewerben kann, sowie der Versetzungsmodus geregelt werden. Insbesondere sind folgende Punkte zu behandeln:

- die Beurteilungsmaßstäbe,
- die erforderliche Mindestzeit der Beschäftigung in der Organisation
- die Zeitspanne für Entscheid und Versetzung sowie
- die Angaben zum Arbeitsplatz und den Anforderungen [120].

Die internen Stellenangebote können in Werkszeitungen, Rundschreiben, Beilagen oder in besonders gekennzeichneten Aushängen am Schwarzen Brett veröffentlicht werden.

Die Effizienz der systeminternen Stellenausschreibung kann durch eine langfristige Ausbildungs- und Laufbahnplanung erheblich gesteigert werden.

3.1.2 Interne Personalbeschaffung durch Ausbildung

Auf die Problematik der Ausbildungsplanung der Organisation kann an dieser Stelle nicht eingegangen werden. Es interessiert hier nur die Frage, ob und ggf. wie durch Ausbildungsaktivitäten von seiten der Organisation Personalbeschaffung betrieben werden kann.

Das Hauptziel jeder beruflichen Ausbildung ist in der fachlichen Vorbereitung und Wissensvertiefung der Mitarbeiter zu sehen, die in bestimmten Positionen eingesetzt oder dafür vorgesehen sind.

Die Notwendigkeit und Bedeutung der von seiten der Organisation geförderten und gestalteten Ausbildungsmaßnahmen ist bedingt einerseits durch die auf fast allen Teilarbeitsmärkten anzutreffenden Deckungsschwierigkeiten sowohl in quantitativer als auch in qualitativer Hinsicht, andererseits durch gesellschaftspolitische Zwänge sowie durch Forderungen der Mitarbeiter nach Möglichkeiten der Ausbildung. Durch Ausbildungsmaßnahmen besteht z. B. für das Unternehmen die Chance, sich eine relative Unabhängigkeit vom externen Arbeitsmarkt zu verschaffen. Denn eigene, langfristig geplante Ausbildungsvorhaben können einigermaßen gewährleisten, daß geeignete Mitarbeiter verbleiben und zum rechten Zeitpunkt für Arbeiten mit höheren Anforderungen einsatzfähig und einsatzbereit sind. Dadurch reduziert sich der Unsicherheitsfaktor, ob zu den gegebenen Zeitpunkten Mitarbeiter in der erforderlichen Qualität und Quantität angeworben werden können. Das Unternehmen beschafft sich die Mitarbeiter mit der erforderlichen Qualifikation nicht am externen Arbeitsmarkt, sondern entwickelt und beschafft sie intern durch Ausbildung.

Ein weiterer Vorteil besteht darin, daß die Ausbildung an den speziellen Anforderungen der Organisation ausgerichtet werden kann. Auch besteht durch eine entsprechend langfristige, auf der Gesamtpolitik aufbauende Ausbildungskonzeption die Möglichkeit, frühzeitig Kenntnisse und Fähigkeiten zu vermitteln, die auf die künftigen Anforderungen abgestimmt sind [121)].

Der zuletzt genannte Gesichtspunkt wird um so bedeutender, je spezialisierter die Aufgabe der Organisation und der erforderlichen Tätigkeiten ist. Bestimmte Spezialkräfte sind oft nur durch interne Ausbildung zu beschaffen.
Mittels entsprechend gestalteter Ausbildungsmaßnahmen für ältere Mitarbeiter können diese anderen Tätigkeitsbereichen zugeführt und unter Umständen über das gesetzliche Berufsleben hinaus für die Organisation gewonnen werden.

Den Vorteilen einer als Maßnahme der Personalbeschaffung konzipierten Ausbildung stehen folgende Nachteile gegenüber: Zum einen sind die Ausbildungskosten sehr hoch, und die Effektivität dieser Investitionen läßt sich nicht exakt messen. Zum anderen besteht die Gefahr, daß die Organisation keine neuen Impulse von außen erhält und daß nicht der gesamte Aufwand, der für die Ausbildung aufgebracht wird, der Organisation zugute kommt. Denn ein bestimmter Prozentsatz von Mitarbeitern scheidet aus, bevor sich die in ihrer Ausbildung investierten Kosten amortisiert haben. Wenngleich durch entsprechende vertragliche Vereinbarungen dieser Gefahr des frühzeitigen Ausscheidens entgegengewirkt werden kann, läßt sie sich doch aufgrund des Rechtes des Mitarbeiters auf freie Wahl des Arbeitsplatzes nie ganz ausschalten.

Abschließend läßt sich feststellen, daß durch Ausbildungsmaßnahmen im Hinblick auf die Personalbeschaffung nur das qualitative Potential der Mitarbeiter, nicht aber deren Quantität erhöht werden kann. Unter dem Gesichtspunkt des Personalmarketing sind sie aber für die einzelne Organisation eine unumgängliche Notwendigkeit. Wirken sie doch über den eigenen Bereich hinaus auf den externen Arbeitsmarkt und beeinflussen den Ruf der Organisation und somit die Möglichkeiten der externen Personalbeschaffung.

3.1.3 Interne Personalbeschaffung durch Laufbahnplanung

Eine zielorientierte, beständig durchgeführte und umfassende Laufbahnplanung stellt eine weitere Möglichkeit der internen Personalbeschaffung dar. Wie schon ausgeführt, besteht ihre Aufgabe in der bewußten, langfristigen Festlegung der Laufbahnmöglichkeiten der einzelnen Stelleninhaber. Durch sie erhält sowohl der einzelne Mitarbeiter als auch die Organisation Einsicht in den möglichen, individuellen Werdegang jedes einzelnen. Dies ist übersichtlich zu ersehen in einer schaubildlichen Darstellung der Laufbahnlinien mit Angabe der minimalen anforderungsmäßigen und zeitlichen Kriterien (Bild 28).

Der in aller Regel in den verschiedenen Laufbahnlinien mögliche Aufstieg könnte folgende positive Auswirkungen zeigen:

- erhöhte Arbeitsfreude und Leistungsbereitschaft,
- durch größeres Vertrauen eine festere Verbindung zur Organisation (Identifikation) und dadurch eine
- geringere Fluktuation,
- Erleichterung der Personalbeschaffung,
- Zufriedenheit unter den Mitarbeitern [123].

Sie bewirken insgesamt eine qualitative Erhöhung der Leistungen und Einstellungen der Mitarbeiter, d. h., durch den Einsatz der Laufbahnplanung können qualitativ höherwertige Arbeitsleistungen bewirkt werden.

Ein modernes, für eine systematische Laufbahnplanung unerlässliches Hilfsmittel sind die Nachwuchs- und Förderkartei. Sie enthalten alle relevanten Informationen zur Person der einzelnen Mitarbeiter. In Verbindung mit den zeitlichen Aussagen der Laufbahnplanung ergibt sich die Möglichkeit,

- kurzfristig auftretenden Personalbedarf schnellstmöglich intern zu decken,

– Bedarf und Bedarfszeitpunkt frühzeitig zu erkennen und entsprechende interne Beschaffungsaktivitäten bei laufbahnbewußten Mitarbeitern vorzunehmen,
– eine langfristig vorausschauende Planung, der internen Deckung des erforderlichen Ersatzbedarfs vorzunehmen [124].

Zusammenfassend kann festgestellt werden, daß durch die Realisation der Laufbahnplanung intern Personal beschafft werden kann. Wie jedoch schon für die interne Stellenausschreibung, so trifft auch für die Laufbahnplanung als Methode der Personalbeschaffung zu, daß durch sie zwar intern Personal gewonnen werden kann, dies jedoch nur eine Verlagerung bedeutet. Desgleichen können sich erhebliche Schwierigkeiten ergeben, wenn laufbahnbewußte Mitarbeiter aus irgendwelchen Gründen nicht berücksichtigt werden können oder frühzeitig ausscheiden.

3.1.4 Personalbeschaffung durch Lehrlingsausbildung

Für die Lehrlingsausbildung treffen mit wenigen Einschränkungen die Ausführungen unter Punkt 3.1.2 zu. Insofern kann auf eine erneute Darstellung an dieser Stelle verzichtet werden. Wenn die Lehrlingsausbildung als Methode oder Personalbeschaffung trotzdem als eigenständiger Komplex behandelt wird, so erscheint das aus im folgenden dargelegten Gründen gerechtfertigt.

Zum einen besteht, das Personalmarketing richtig verstanden und konsequent angewandt, die Notwendigkeit einer systematischen Mitarbeiterbetreuung und -entwicklung. Dies schließt auch den Versuch und das Bemühen von seiten der Organisation ein, vorhandene nicht ausgebildete oder angelernte Mitarbeiter für die Absolvierung einer Ausbildung zu gewinnen oder auch zu einer Umschulung zu motivieren. Dies wird um so eher realisierbar sein, je mehr die ausbildungswilligen Mitarbeiter unter Ausnutzung der Möglichkeiten des AFG [125] ideell und materiell unterstützt werden. Dadurch besteht die Chance, zukünftigen Personalbedarf frühzeitig zu entwickeln, d. h. intern und nicht auf dem externen Arbeitsmarkt zu beschaffen.

Zum anderen ermöglichen Befragungen von Auszubildenden hinsichtlich ihrer Berufs- und Laufbahnvorstellungen und darauf aufbauende personalpolitische Maßnahmen, die Auszubildenden über ihre Ausbildungszeit hinaus der Organisation zu erhalten. Geschultes Personal, dessen Eignungspotential bekannt ist, kann auf diese Weise gewonnen werden.

Abschließend muß jedoch festgestellt werden, grundsätzliche Voraussetzung für die Funktionsfähigkeit der internen Personalbeschaffungsmethoden ist die Einsicht

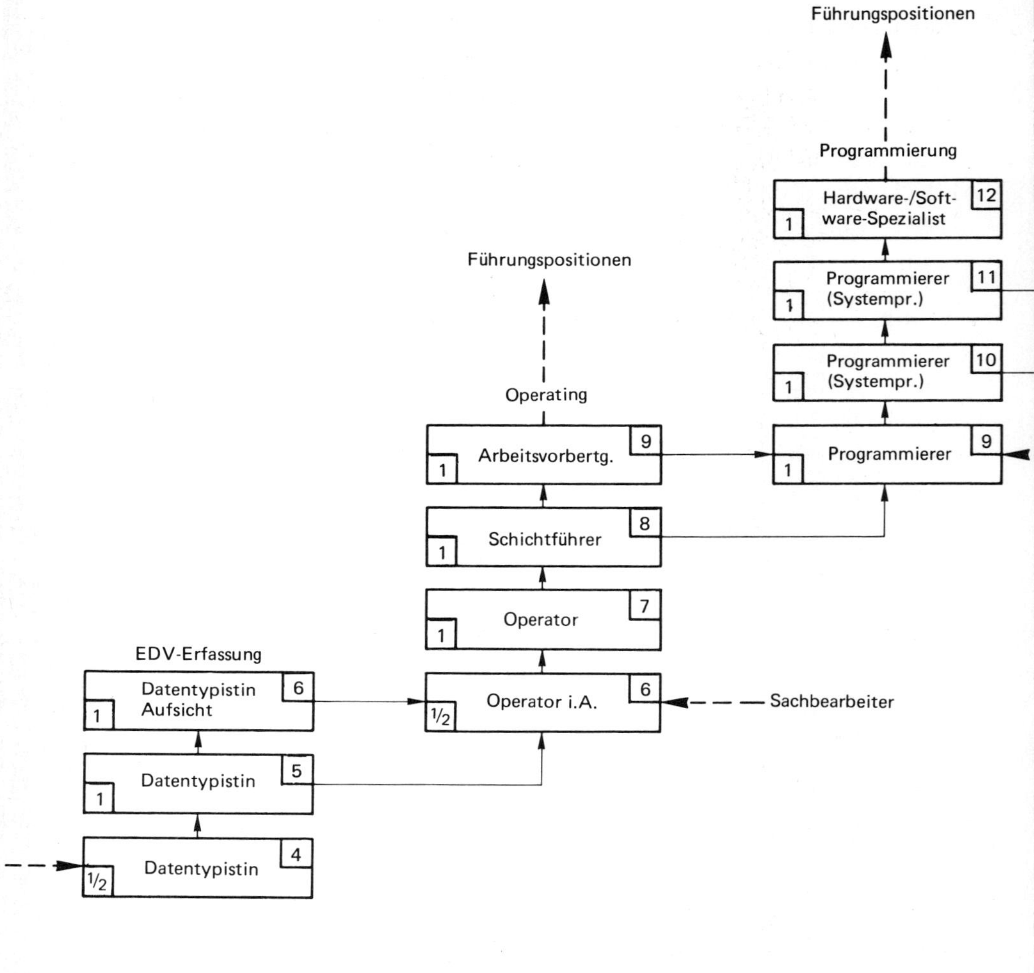

Bild 28 Laufbahnplan innerhalb eines Organisationsbereiches [122)]

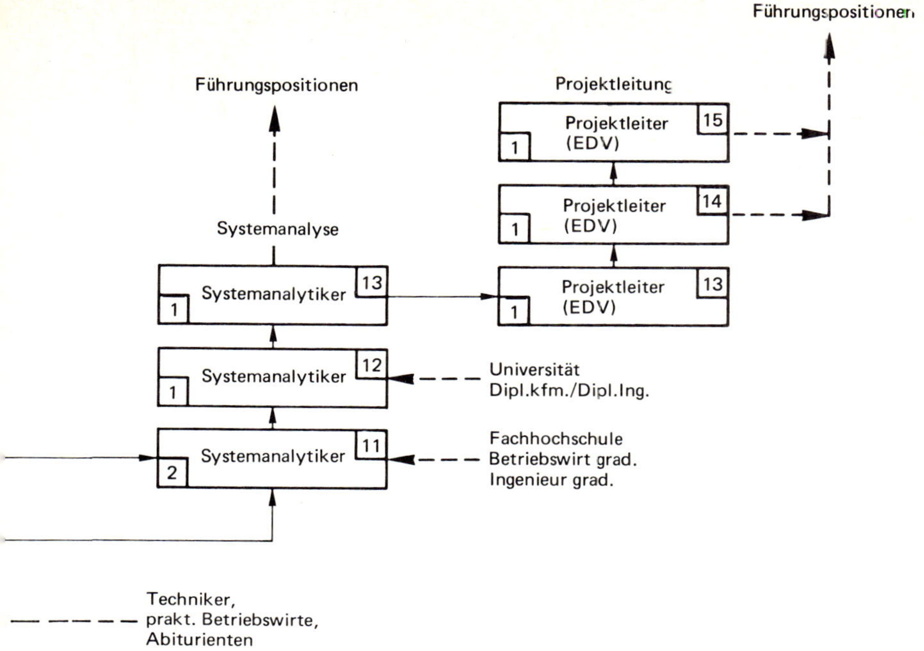

NCR – Augsburg, Abt. Personalplanung und -entwicklung

Erklärungen:	linkes Kästchen	= Arbeitsplatzzugehörigkeit (mindestens – in Jahren)
	rechtes Kästchen	= Arbeitsplatzwert aufgrund der analytischen Arbeitsplatzbewertung
	gestrichelte Linien	= möglicher Einstieg in die Arbeitsplatzwerte

aller Mitarbeiter, „daß ressortegoistische Überlegungen der Freigabe geeigneter Mitarbeiter für neue und größere Aufgaben nicht entgegenstehen dürfen, ebenso wie dem anderen Extrem des ‚Weglobens' ungeeigneter Mitarbeiter entgegenzutreten ist" [126].

Jede interne Methode der Personalbeschaffung kann für die Organisation werbend wirken und seine Beschaffungsmöglichkeiten auf dem externen Arbeitsmarkt positiv beeinflussen.

Wenngleich interne Personalbeschaffungsmethoden zahlreiche Vorteile bringen und speziell das Beschaffungsrisiko mindern, so darf nicht unerwähnt bleiben, daß sie nicht geeignet sind, jeglichen Personalbedarf auf die Dauer zu decken. Deshalb bedarf es einer intensiven Pflege der Verbindungen zum externen Arbeitsmarkt, um bei Bedarf die externen Personalbeschaffungsmethoden mit Erfolg einsetzen zu können.

3.2 Methoden der externen Personalbeschaffung

Sind die internen Möglichkeiten, den erforderlichen Personalbedarf zu decken, quantitativ und qualitativ erschöpft, so wird man zur Deckung des Bedarfs an Mitarbeitern an den externen Arbeitsmarkt herantreten müssen. Grundsätzlich bieten sich hier

- direkte Anwerbemaßnahmen und
- indirekte Werbemaßnahmen

an. Während die direkten Anwerbemaßnahmen einen erforderlichen Personalbedarf durch gezieltes Vorgehen zu decken versuchen, besteht die Zielsetzung der indirekten Werbemaßnahmen primär in der Arbeitsmarktpflege.

3.2.1 Direkte Anwerbemaßnahmen

3.2.1.1 Die staatliche Arbeitsvermittlung

Zum Zwecke des Zusammenführens von Angebot und Nachfrage auf dem Arbeitsmarkt können sich Arbeitsuchende und Arbeitgeber der Arbeitsvermittlung bedienen.

Die Arbeitsvermittlung ist nach § 13 Abs. 1 AFG eine Tätigkeit, die darauf gerichtet ist, Arbeitsuchende mit Arbeitgebern zur Begründung von Arbeitsverhältnissen oder mit Auftraggebern oder Zwischenmeistern zur Begründung von Heimarbeitsverhältnissen im Sinne des Heimarbeitsgesetzes zusammenzuführen.

Arbeitsvermittlung ist darüber hinaus auch die Herausgabe und der Vertrieb sowie der Aushang von Listen über Stellenangebote und Stellengesuche und die Bekanntgabe von Stellenangeboten und Stellengesuchen in Rundfunk und Fernsehen (§ 13 Abs. 2 AFG).

Die Vermittlung von Arbeitskräften auf dem externen Arbeitsmarkt ist in der Bundesrepublik Deutschland das alleinige Recht der Bundesanstalt für Arbeit (§ 4 AFG). Um den aus diesem sogenannten Vermittlungsmonopol erwachsenden umfangreichen Verpflichtungen gerecht werden zu können, unterhält die Bundesanstalt

- die Arbeitsämter,
- die Landesarbeitsämter und
- die Zentralstelle für Arbeitsvermittlung in Frankfurt/Main mit dem ihr angeschlossenen Büro „Führungskräfte der Wirtschaft".

Die Durchführung der staatlichen Arbeitsvermittlung wird von folgenden Grundsätzen geleitet:

- der freiwilligen Inanspruchnahme und der Vermittlungspflicht,
- der Berücksichtigung der Grundrechte und der arbeitsrechtlichen Vorschriften,
- dem Individualitätsprinzip,
- der Unparteilichkeit und Neutralität,
- der Vertraulichkeit,
- der Berücksichtigung von Tarifen und
- der Unentgeltlichkeit [127].

Die Einschaltung der staatlichen Arbeitsvermittlung zur Personalbeschaffung erfolgt durch den Vermittlungsauftrag. Er beinhaltet den Auftrag des Arbeitgebers an den Arbeitsvermittler, ihm eine Arbeitskraft zu vermitteln. Der Vermittlungsauftrag begründet kein privatrechtliches Verhältnis zwischen Arbeitgeber und Arbeitsamt, sondern es handelt sich hierbei um die Inanspruchnahme der gesetzlich garantierten öffentlich-rechtlichen Dienstleistung [128]. Er ist formlos, d. h. er kann mündlich, fernmündlich oder schriftlich dem zuständigen Arbeitsamt erteilt werden.

Die effiziente Durchführung der Arbeitsvermittlung kann nur auf der Basis detaillierter Informationen über die zu besetzende Stelle erfolgen. Deshalb sollte der Vermittlungsauftrag Angaben über alle wesentlichen Merkmale der Stelle beinhalten, wie z. B. die Art der Tätigkeit, die speziellen Anforderungen, die Arbeitsbedingungen, die Höhe des Entgelts etc. Darüber hinaus empfiehlt sich für eine vertrauensvolle und erfolgreiche Zusammenarbeit die Pflege regelmäßiger Kontakte mit den Arbeitsvermittlern in Form von Betriebsbesichtigungen, Einladungen zu Besprechungen und persönlichen Begegnungen. Die Arbeitsvermittler erhalten dadurch einen besseren Einblick in die Verhältnisse der Organisation sowie der Arbeitsplatzbedingungen. Dies ist deshalb von besonderer Bedeutung, weil sich die Arbeitsvermittlung nicht nur – eine verschiedentlich in Literatur und Praxis geäußerte Meinung [129] – auf die Vermittlung von Kontakten zwischen Arbeitsuchenden und Arbeitgebern erstreckt, sondern auch auf den Bereich der Vorauswahl.

Der Arbeitsvermittler wählt aus den vorhandenen Bewerber- und Stellenangeboten diejenigen aus, die unter Berücksichtigung der besonderen Verhältnisse des Arbeitsplatzes, der Eignung und der persönlichen Verhältnisse [130] am besten zueinander passen. „Dieser Vorgang der Auswahl und des Vorschlages stellt die eigentliche Arbeitsvermittlung dar“ [131].

Die Vermittlung von Personal kann regional, durch die Fachvermittlung und den Vermittlungsausgleich überbezirklich (überregional) sowie durch die Einschaltung spezieller Institutionen zwischenstaatlich erfolgen. Entsprechend dem spezifischen Personalbedarf und dessen charakteristischer Struktur wird durch die Arbeitsvermittler – auf Wunsch auch durch den Auftraggeber – der relevante Teilarbeitsmarkt beworben.

Die Vermittlung von Zeitpersonal erfolgt durch die bei verschiedenen Arbeitsämtern eingerichteten Schnelldienste. Besonders zu erwähnen sind hier die unter der Bezeichnung „Job“ (Vermittlungsstelle für Zeitpersonal) eingerichteten Schnelldienste, die speziell Angebot und Nachfrage von kaufmännischem Verwaltungs- und Büropersonal zusammenführen.

Die Einschaltung der staatlichen Arbeitsvermittlung hat für die Organisation den Vorteil einer schnellen (bei Vorliegen entsprechender Stellengesuche), kostenlosen und Zeit und Personal sparenden Personalvermittlung. Je nach Personalbedarf erfolgt die Vorauswahl und der Vorschlag aufgrund genauer ärztlicher und/oder psychologischer Untersuchungen durch geschulte Kräfte.

Die Organisation verliert jedoch durch den ausschließlichen Einsatz der staatlichen Arbeitsvermittlung den direkten Kontakt zum externen Arbeitsmarkt. Auch wird der Entscheidungsspielraum in der Auswahl der Bewerber eingeengt. Dies kann sich besonders dann als nachteilig erweisen, wenn keine anforderungsgerechten Bewerbungen beim Arbeitsvermittler vorliegen oder eingehen. Außerdem kann die Organisation – im Vergleich zu eigenen Anwerbeaktivitäten – auf diese Weise über den derzeitigen, akuten Personalbedarf hinaus kaum qualifizierte Mitarbeiter vormerken oder gewinnen. Je angespannter die Arbeitsmarktlage ist, desto stärker werden die eigenen Anwerbemaßnahmen die staatliche Arbeitsvermittlung ergänzen oder ersetzen müssen.

Die Vermittlungsmöglichkeiten werden besonders durch das negative Image der staatlichen Arbeitsvermittlung bei Arbeitsuchenden und Arbeitgebern stark eingeschränkt. Hier vollzieht sich jedoch allmählich ein Umdenkungsprozeß, da durch gezielte PR-Arbeit der Bundesanstalt allgemein der Eindruck entsteht, daß die Arbeit dieser Dienststellen elastischer, individueller und psychologisch einfühlender geworden ist [132)]. Insbesondere wird der Einsatz von Computern zum Zwecke der Arbeitsvermittlung in Zukunft der staatlichen Arbeitsvermittlung neue Wege und Dimensionen eröffnen [133)].

3.2.1.2 Die Stellenanzeige

Die Stellenanzeige in Form eines Inserates in Zeitungen und Zeitschriften ist ein wichtiges Werbemittel im Bereich der Personalbeschaffung. Verschiedene Untersuchungen, wie z. B. neben anderen durchgeführt im Auftrag der WELT, ergaben, daß die Stellenanzeige hoher Favorit bei der Suche nach einer neuen Position ist. Die überwiegende Mehrheit der Befragten hatten bei der Suche nach einem neuen Arbeitsplatz Stellenanzeigen gelesen und sich aufgrund dieser Anzeigen beworben [134)].

Die Stellenanzeige kann dem Bewerber die Möglichkeit bieten, wichtige Grundinformationen über die zu besetzende Stelle zu erhalten. Darüber hinaus hat sie als Informationsquelle den Vorteil, daß sie als Möglichkeit der Vorauswahl für den Bewerber rationaler, individueller und gleichzeitig unverbindlicher und unpersönlicher durchgeführt werden kann als beispielsweise durch Einschaltung dritter Instanzen [135)].

Dem Einsatz der Stellenanzeige als Mittel der Personalanwerbung kommt um so größere Bedeutung zu, je angespannter die Arbeitsmarktlage ist, und je mannigfacher die Anforderungen an den Inserenten werden. Denn im Vergleich zur Güter- und Dienstleistungsanzeige benötigt die Stellenanzeige eine prinzipiell andere äußere Gestaltung und Argumentation, da sie sich in einem kommunikativ und allgemein sozial-psychologisch andersgearteten Bereich bewegt [136)]. Ihre Aufgabe besteht in der Kontaktaufnahme zwischen der Organisation und zunächst anonymen Personen, d. h., die Stellenanzeige soll den gewünschten Personenkreis ansprechen, informieren und umwerben. Die zielorientierte und effiziente Erfüllung dieser Aufgabenstellung ist nur dann möglich, wenn zum einen die Erwartungen der Umworbenen und zum anderen die spezifische Struktur des Bewerberkreises bekannt sind.

Was der Umworbene generell von einer Stellenanzeige erwartet, ist eine klare, nüchterne, sachliche und zutreffende Information über die zu besetzende Stelle. Der Inhalt von Stellenanzeigen und ihre subjektiv erlebte Relevanz werden danach bewertet, inwieweit sich die gegebenen Informationen und die eigenen beruflichen Zielvorstellungen decken. Zu knappe, aussagelose Informationen verfehlen ebenso die erwünschte Wirkung wie hochtrabende Formulierungen und leere Versprechungen. *Esch* nennt folgende von Umworbenen und Bewerbern an die Stellenanzeige geknüpften Erwartungen:

"1. Genaue Definition des Tätigkeitsbereiches.
2. Detaillierte Information über das Aufgabengebiet.
3. Exakte Markierung der Position im Unternehmen.
4. Konkrete Hinweise auf Entwicklungsmöglichkeiten.
5. Klare Angaben über die Dotierung.
6. Transparenz des Unternehmens nach Branche, Größe, Bedeutung, Marktposition, Aktivität, Zielsetzung, Firmenideologie, Stil usw.
7. Sachlich nüchterne Sprache.
8. Übersichtliche optische Gestaltung" [137].

Diese von einer Stellenanzeige gewünschten Informationen sind allerdings in ihrer Gesamtheit nicht generell für jeden Bewerberkreis relevant. Sie stellen vielmehr einen Katalog von möglichen Informationen dar, aus dem dann entsprechend der zu besetzenden Stelle, ihrer Bedeutung sowie der Struktur des umworbenen Bewerberkreises die erforderlichen Informationen auszuwählen sind. Der Inhalt jeder Stellenanzeige ist speziell für die betreffende Position zu entwerfen, ständig zu überprüfen und eventuell geänderten Verhältnissen anzupassen. Daraus geht hervor, daß der Entwurf und die Planzierung von Stellenanzeigen einer umfangreichen Vorarbeit unter Berücksichtigung aller Möglichkeiten einer werbewirksamen Gestaltung bedürfen. Insbesondere sind über Inhalt und Struktur der Bewerber hinaus folgende Überlegungen anzustellen:

- Welche Werbeträger sind für die spezielle Anzeige geeignet,
- in wieviel Werbeträger soll sie untergebracht werden,
- wie oft soll die Stellenanzeige erscheinen,
- welcher Zeitpunkt ist zweckmäßig,
- welches Format und welche Größe entsprechen dem speziellen Fall,
- welche formale Gestaltung ist erforderlich,
- soll eine „Offene-Anzeige" oder eine „Chiffre-Anzeige" plaziert werden,
- welche Insertionskosten sind der Position angemessen,
- wie soll die Bewerbung erfolgen?

Eine ausführliche Darstellung aller Probleme im Zusammenhang mit dem Entwurf und der Plazierung von Stellenanzeigen ist an dieser Stelle nicht möglich [138]. Es können lediglich einige Empfehlungen für die Abfassung von Stellenanzeigen gegeben werden:

- Eine Stellenanzeige ist für den Bewerber und nicht für die Organisation bestimmt.
- Jede Anzeige ist im Zeitablauf neu zu entwerfen.
- Die Stelle ist dem potentiellen Bewerber als erstrebenswert, als die Lösung eines Problems oder die Erfüllung eines Wunsches darzustellen.
- Die Informationen über die zu besetzende Stelle sind einfach, kurz, sachlich, zutreffend und klar zu halten.
- Nach Möglichkeit sind in einer Stellenanzeige nicht mehrere Positionen der gleichen Art anzubieten.
- Die Stellenanzeige soll genaue Informationen über die Mindestanforderungen bzw. -erwartungen enthalten.
- Die Benennung der Position oder des Aufgabengebietes muß optisch in ausreichender Größe aus dem Anzeigentext hervorstechen.
- Der Leseanreiz wird durch eine gute Schlagzeile sowie gute graphische und typographische Gestaltung der Anzeige erhöht [139].

Wenngleich es für den Entwurf von Stellenanzeigen keine Patentlösung gibt und auch – bedingt durch die zahlreichen Einflußgrößen im Bereich der Personalbeschaffung – nicht geben kann, so erscheint es doch möglich, durch Berücksichtigung dieser Empfehlungen die Effizienz der Personalbeschaffung in Form der Stellenanzeige zu erhöhen.

Abschließend sei noch bemerkt, daß jede Stellenanzeige eine Visitenkarte der Organisation ist und neben dem Hauptzweck der Personalsuche zugleich auch der Imagepflege auf dem Arbeitsmarkt dient.

3.2.1.3 Externe private Vermittler (Personalberater)

In den letzten Jahren hat, bedingt durch die angespannte Lage auf dem Arbeitsmarkt, die Zusammenführung von Mitarbeitern und Organisationen durch private externe Vermittler zunehmend an Bedeutung gewonnen.

Voraussetzung für die erlaubte Mitwirkung freiberuflich tätiger Berater ist, daß eindeutig ein Auftrag vorliegt, der die Personalberatung betrifft und nachgewiesen werden kann [140].

Im Rahmen dieser Personalberatung dürfen Stellenanzeigen den Hinweis enthalten, daß ein namentlich benannter, freiberuflich tätiger Berater bei der Auswahl der Bewerber mitwirkt und daß Bewerbungen auch an diesen gerichtet werden können. Eigene Anzeigen von freiberuflich tätigen Beratern stehen mit dem Gesetz in Widerspruch und sind unzulässig [141].

Freiberuflich tätigen Beratern ist es darüber hinaus auch nicht gestattet, Bewerberkarteien zu führen und auszuwerten sowie Stellenlisten herauszugeben oder einen auf Arbeitsvermittlung gerichteten Offertendienst einzurichten und zu unterhalten sowie ein gesondertes Erfolgshonorar zu fordern [142].

Wenngleich der Einsatz von Personalberatern zum Zwecke der Personalbeschaffung insgesamt stark zugenommen hat, so zeigt sich doch, daß dies nicht für jede Branche zutrifft und daß die Einschaltung von Personalberatern von der Art und der Bedeutung der zu besetzenden Stelle abhängig ist [143].

Nach Art und Struktur der externen privaten Vermittler unterscheidet man allgemeine Berater, auf den Personalbereich spezialisierte sowie allgemeine Berater mit eigener Abteilung für den Personalsektor. Die Stärke der allgemeinen Berater liegt

Qualifikation des Beraters	Erfahrung Sachkenntnis Qualität wissenschaftliche Ausbildung Einsatz wissenschaftlicher Verfahren Marktkenntnis und Marktübersicht
Vorteile für den Auftraggeber	Risikominderung Zeitersparnis keine Betriebsblindheit keine vorgefaßten Meinungen größere Erfolgschance Anonymität
Vorteile für den Bewerber	Neutrale Kontaktmöglichkeit Gewährleistung der Vertraulichkeit größere Anzahl von interessanten Angeboten
Mobilisierung	Ständiger Kontakt zu Führungskräften Direktansprache von Kandidaten

Bild 29 Argumente für die Einschaltung eines Personalberaters [144]

in der genauen Kenntnis der Kunden und der Anforderungen, die sie an zu besetzende Positionen stellen. Ihre Schwäche besteht meist in der relativ geringen personalfachlichen und psychologischen Erfahrung. Während die Verhältnisse beim Spezialisten umgekehrt sind, versuchen die allgemeinen Beratungsinstitute mit eigenständiger Personalabteilung beiden Aspekten gleichermaßen gerecht zu werden.

Für den Einsatz von Personalberatern zur Beschaffung von Mitarbeitern lassen sich zahlreiche Argumente bzw. Vorteile anführen. Zusammengefaßt bestehen sie in der besonderen Qualifikation der Berater auf dem Gebiet der Personalsuche und Personalselektierung, den daraus resultierenden Vorteilen für Auftraggeber und Bewerber sowie in der Möglichkeit der Mobilisierung von Spitzenkräften (Bild 29).

Als nachteilig können sich einerseits die hohen Kosten, die der Auftraggeber und nicht die Gesuchten zu tragen haben, andererseits die nur aufgabengerechte Auswahl des Mitarbeiters erweisen. Denn mangels entsprechender detaillierter Kenntnisse der speziellen Organisations- oder Gruppenstruktur kann der Personalberater nur bedingt auf die personelle Eignung (Koordination) des ausgewählten Bewerbers für den jeweiligen Betrieb achten. Zu bedenken ist auch die Gefahr der Abwerbung des vermittelten Mitarbeiters durch den gleichen Personalberater.

Voraussetzung für den effizienten Einsatz des Personalberaters ist eine umfangreiche Information über das Aufgabengebiet und den Verantwortungsbereich der zu besetzenden Stelle und über die daraus resultierenden Anforderungen an den Bewerber. Je besser und intensiver die Zusammenarbeit zwischen Auftraggeber und Personalberater ist, um so wirkungsvoller kann dessen Einsatz bei der Personalbeschaffung erfolgen.

3.2.1.4 Sonstige Möglichkeiten

Als weitere Möglichkeiten der externen Personalbeschaffung sind zu nennen:

- die Auswertung von Stellengesuchen,
- Empfehlungen von aktuellem Personal,
- der Einsatz von „Leih-Mitarbeitern" und
- Anwerbung bei Ausbildungsinstitutionen.

Die Auswertung von Stellengesuchen erfordert einen relativ hohen zeitlichen Aufwand, jedoch kaum finanzielle Mittel. Neben der Auswahl der Werbeträger, deren Stellengesuche ausgewertet werden sollen, ist die Kontaktaufnahme zu den Interessenten von größter Bedeutung. Diese soll, aufbauend auf einer exakten Analyse des Stellengesuches, mittels Abgabe gezielter Informationen den Stellensuchenden für die Organisation interessieren.

Bei der mündlichen oder schriftlichen (Bild 30) Bitte an die vorhandenen Mitarbeiter, die Personalsuche zu unterstützen, ist vor allem zu beachten, daß

- um die Bildung von Cliquen zu vermeiden, die Möglichkeit bestehen muß, die durch vorhandenes Personal neu angeworbenen Mitarbeiter in anderen Abteilungen einzusetzen,
- das Firmenimage von den Mitarbeitern positiv beurteilt werden muß, um werbend zu wirken,
- die erfolgreichen Werbemaßnahmen nicht prämiert werden sollten.

Zunehmende Bedeutung kommt dem Einsatz von Zeitpersonal zu. Hierbei handelt es sich um Mitarbeiter, die zwar Beschäftigung suchen, aber aus verschiedenen Gründen keinen Dauerarbeitsvertrag eingehen möchten. Diese Art der Personalbeschaffung stellt keine dauernde – verbotene – Vermittlung von Personal dar, sondern es handelt sich nur um die zeitweise Ausleihe von Mitarbeitern von Arbeitnehmerverleih-Betrieben. Zwischen dem Zeitpersonal und der ausleihenden Organisation besteht keinerlei Vertragsverhältnis. Alle Zahlungen, Wünsche und Beschwerden sind direkt an die Verleihzentrale zu richten [145)].

Durch die Ausleihe von Zeitpersonal besteht für die Organisation die Möglichkeit, plötzlich auftretende Arbeitsspitzen eventuell sofort zu bewältigen sowie den Personaleinsatz zu rationalisieren, da die Deckung des Personalbedarfs nicht mehr am Arbeitsanfall zu Spitzenzeiten ausgerichtet werden muß. Der Personalbestand – und somit die Personalkosten – läßt sich zum Teil erheblich verringern, ohne die Betriebsbereitschaft zu gefährden, da der Spitzenbedarf durch – häufig sogar zeit- und kostensparend – dasselbe Zeitpersonal gedeckt wird. Zu beachten ist hierbei jedoch, daß die Anforderung beim Verleiher um so frühzeitiger erfolgen muß, je spezialisierter die betreffende Tätigkeit ist.

Schließlich ist noch die direkte Personalwerbung einzelner Organisationen unter den Teilnehmern verschiedener Ausbildungsinstitutionen zu erwähnen. Zahlreiche Abgänger solcher Institutionen sind bereit, Stellen anzutreten oder in solche überzuwechseln, die von jenen angeboten werden. Die Personalwerbung kann in diesem Fall entweder durch Herantreten an die Ausbildungsinstitution erfolgen, die dann die Angebote durch Aushang, Umlauf etc. bekanntgibt, oder aber mit der Bitte an die Lehrer, geeignete Teilnehmer zu benennen. Auf diese Weise kann die Organisation relativ kostengünstig einen wesentlichen Beschaffungsmarkt ansprechen. Diese in den USA als „Campus-Werbung“ weit verbreitete Methode der Personalanwerbung (speziell an Universitäten und Hochschulen) findet in Deutschland nur begrenzt Anwendung.

Zusammenfassend kann festgestellt werden, daß der Einsatz der direkten Anwerbemaßnahmen zur externen Personalbeschaffung in Form

- der staatlichen Arbeitsvermittlung,
- der Stellenanzeige,
- des Einsatzes von Personalberatern sowie
- der sonstigen Möglichkeiten

keine grundsätzlich ausschließliche Entscheidung darstellt, sondern sehr wohl in ausgewogener Kombination erfolgen kann, und zwar in Abhängigkeit von den Anforderungen und der Bedeutung der Stelle sowie der aktuellen und zukünftig zu erwartenden Arbeitsmarktlage. Jede Art der direkten Personalanwerbung wirkt im Arbeitsmarkt und bestimmt nicht nur im einzelnen Fall über den Erfolg, sondern beeinflußt darüber hinaus auch den Ruf der Organisation am Arbeitsmarkt und damit die langfristigen Personalbeschaffungsmöglichkeiten.

Stellenausschreibung

Positionen:	Technischer Berater und Verkaufsberater
Tarifgruppe:	Außertariflich

Anzeigentext

Diplom-Kaufmann
Diplom-Wirtschaftsingenieur
Diplom-Chemiker

Ein Team von Fachleuten hat unseren Röntgenerzeugnissen und graphischen Produkten einen führenden Platz auf den internationalen Märkten gesichert. Unsere Verkaufsabteilungen bauen wir weiter aus und suchen daher junge Akademiker der obengenannten Fachrichtungen, die einen verantwortlichen und selbständigen Aufgabenbereich in der

technischen Verkaufsberatung

übernehmen werden. Gute englische Sprachkenntnisse sollten Sie mitbringen. Wenn Sie über Kenntnisse in einer zweiten Fremdsprache verfügen, ist das von Vorteil. Eine gründliche Einarbeitung in die Technologie und die Marketing-Besonderheiten unserer Produkte ist vorgesehen.

Ihr Aufgabenbereich umfaßt den Vertrieb, die Verkaufsförderung oder die technische Beratung unseres Kundenkreises. Weitere Stationen Ihrer beruflichen Karriere in unserem Unternehmen können – entsprechend Ihrer Ausbildung – darüber hinaus die Forschung, die Produktentwicklung oder die Produktion sein.

Interessenten – auch aus Ihrem Bekanntenkreis – wenden sich bitte innerhalb 8 Tagen ...

Bild 30 Stellenausschreibung der Firma Du Pont
(Diese wurde nicht nur ausgehängt, sondern in DIN-A 4-Format an die Mitarbeiter verteilt)

3.2.2 Indirekte Werbemaßnahmen

3.2.2.1 Besichtigungen – Tag der offenen Tür

Die Durchführung von Betriebsbesichtigungen kann sich als wertvolle Hilfe für die Personalbeschaffung erweisen. Es bietet sich hier die Möglichkeit, entweder gezielt speziellen Personengruppen oder aber der breiten Öffentlichkeit einen Einblick in die Organisation zu gewähren. Der Besucher erhält einen Überblick über das Aufgabengebiet der betreffenden Organisation, ihre Struktur und ihr Leistungsvermögen. Darüber hinaus kann die unmittelbare Arbeitsumwelt sowie das Handlungsgesamt bestimmter Berufe in der Realität dargestellt werden. Neben einer guten Planung ist für sinnvolle Besichtigungen mit guter Werbewirkung der Einsatz von sachkundigen Führern, deren Auswahl entsprechend der zu leitenden Personengruppe erfolgen sollte, notwendig.

Die durch die Besichtigung sowie eventuell eingebaute Vorträge, Filmvorführungen, Diskussionen etc. vermittelten Informationen können dem Besucher eine wertvolle Entscheidungshilfe für seine berufliche Entwicklung darstellen. Unter Umständen wecken sie sogar bei einzelnen Besuchern so starkes Interesse, daß sie sich um eine Position in der Organisation bewerben.

3.2.2.2 Kontakte zu Ausbildungsinstitutionen

Neben der direkten Personalanwerbung bei Ausbildungsinstitutionen besteht noch eine Reihe weiterer Möglichkeiten der Kontaktaufnahme mit deren Teilnehmern. Insbesondere sind hierbei zu nennen:

- Informationsschriften zur gezielten Information von Schülern, Studenten und sonstigen Kursteilnehmern,
- Ausgabe von Fallstudien,
- Beantwortung von An- und Umfragen,
- Vorträge und Lehraufträge von Repräsentanten der Organisation an den Ausbildungsinstitutionen,
- Teilnahme an Kontaktgesprächen, z. B. an AIESEC-Kontaktgesprächen,
- Einstellung von Praktikanten,
- Einladung von Teilnehmergruppen zu Exkursionen und Diskussionen,
- Präsentation der Ausbildungs- und Laufbahnmöglichkeiten (Bild 31).

Wir laden alle

Schulabgänger 1972

in München und Umgebung ein, sich über die vielfältigen Ausbildungs- und Berufsmöglichkeiten bei Siemens zu unterrichten:

Informationstage
»Ausbildung bei Siemens in München«

am Donnerstag, Freitag und Samstag, den 24., 25., und 26. Febr. 1972, von 9.00 bis 15.00 Uhr im Werner-von-Siemens-Institut, München 2, Prannerstraße 10 (Nähe Maximiliansplatz).

Selbstverständlich sind uns auch Ihre Eltern willkommen. Schulabgänger informieren wir über unsere Ausbildungsberufe, Dauer, Ort und nähere Einzelheiten der Ausbildung:

mit Hauptschulabschluß

Die Berufe sind:

Bürogehilfin
Teilzeichnerin
Techn. Zeichner/in
Elektromechaniker/Elektronik
Elektromechaniker/Schwachstrom
Elektromechaniker/Starkstrom
Fernmeldemonteur
Feinmechaniker
Mechaniker
Starkstromelektriker
Elektroinstallateur
Werkzeugmacher
Maschinenschlosser
Chemiefacharbeiter
Meß- und Regelmechaniker
Dreher
Betriebsschlosser
Blechschlosser
Galvaniseur
Universalschleifer
Universalfräser

mit Mittlerer Reife

erfahren Sie bei uns alles über die Ausbildung zum Industriekaufmann, zur Elektroassistentin oder auch zu einem gewerblichen Beruf.

mit Abitur

Wir geben Ihnen Auskunft über unsere betriebswirtschaftliche Ausbildung zum Industriekaufmann oder die technische Ausbildung zur Ingenieurassistentin.

Hinweis

Allen, die von unserem Informationsangebot Gebrauch machen, empfehlen wir, sich bei dieser Gelegenheit in den modern eingerichteten Ausstellungsräumen des Werner-von-Siemens-Instituts umzusehen. Sie erhalten dadurch einen Überblick über die Entwicklung der Elektrotechnik und einen Eindruck von den heutigen Aktivitäten der Firma Siemens auf den verschiedenen Gebieten der Elektrotechnik.

Sollte Ihre Zeit nicht reichen: Das Institut ist stets von Montag bis Freitag von 9.00 bis 16.00 Uhr und am Samstag und Sonntag von 10.00 bis 14.00 Uhr geöffnet, jedoch an Feiertagen geschlossen. Der Eintritt ist frei.

Gewerbliche Ausbildung
Kaufmännische Ausbildung
Technische Ausbildung

SIEMENS AKTIENGESELLSCHAFT

Bild 31 Einladung zur Präsentation der Ausbildungsmöglichkeiten [146]

Die indirekten Werbemaßnahmen versuchen, auf die Organisation aufmerksam zu machen, für sie Interesse zu wecken und Interessierte zu einer Bewerbung zu veranlassen. Sie wirken auf das Image der Organisation am Arbeitsmarkt ein und sind in speziellen Fällen geeignet, Personal zu beschaffen.

3.2.3 Behandlung der Bewerbungen

Die positive Wirkung einer guten Personalwerbung kann durch eine schlechte Behandlung der eingegangenen Bewerbungen gänzlich ausgelöscht, ja sogar ins Gegenteil verkehrt werden. Da die Bewerberauswahl in der Regel einen längeren Zeitraum beansprucht, empfiehlt es sich, die einzelnen Bewerbungen kurz zu bestätigen und gegebenenfalls einen Zwischenbescheid mit zu übermitteln. Die Verwendung vorgegebener Schemabriefe erscheint hier – wie auch bei allen weiteren Bearbeitungsschritten – nicht ratsam. Denn es gilt den individuellen Bewerbungsentscheid zu erhalten und zu verstärken. Hierzu dürfte eine gezielte, der Bewerbung adäquate Kontaktaufnahme mit Abgabe weiterer Informationen über die Organisation und den zukünftigen Aufgabenbereich des Bewerbers besser geeignet sein.

Wenngleich empirische Untersuchungen [147)] stark differenzierte Verhaltensweisen ermittelten, so sollte eine sorgfältige Behandlung der eingereichten Bewerbungsunterlagen sowie eine diskrete Bearbeitung der Bewerbung selbstverständlich sein.

Infolge ihrer möglichen Auswirkungen auf das Image der Organisation am Arbeitsmarkt ist einer abgelehnten Bewerbung besondere Aufmerksamkeit zu widmen. Sie sollte so abgefaßt sein, daß sie den Bewerber nicht verärgert oder kränkt, ihn nach Möglichkeit über den Grund der Absage informiert, ihm die Möglichkeit zu einer weiteren Bewerbung zu einem späteren Zeitpunkt aufzeigt sowie für die Organisation im Sinne der Public Relations wirbt. Darüber hinaus sollten alle eingereichten Unterlagen mit der Absage an den Bewerber zurückgesandt werden.

Zusammenfassend kann festgestellt werden, daß die Methoden der Personalbeschaffung der Vermittlung einer Botschaft der Organisation an den Arbeitsmarkt und der Kontaktaufnahme zu potentiellen Bewerbern dienen. Um diese Zielsetzungen optimal – im Rahmen eines vorgegebenen Budgets – realisieren zu können, erscheint es empfehlenswert, folgende an die Werbeaussage zu stellenden Anforderungen zu beachten:

- Glaubwürdigkeit
- Information

– Unverwechselbarkeit
– Lesbarkeit
– Identifikation
– Optik [148)]

Mittels der verschiedenen nach Beschaffungsfall und Arbeitsmarktlage relevanten Methoden und Anforderungen an die Werbeaussage ist das Personalmarketing bemüht, nicht die Quantität, sondern die Qualität der eingehenden Bewerbungen zu erhöhen. Dies erfordert, daß die Botschaft so formuliert und gestaltet werden muß, daß sie auf die Zielgruppe zugeschnitten ist, von dieser wahrgenommen und verstanden wird sowie entsprechende Reaktionen auslöst. Nur dann erscheint es möglich, für die zu besetzende Stelle entsprechend dem jeweiligen Anforderungsprofil den geeigneten Bewerber zu ermitteln [149)]. Aus dieser komplexen Zielsetzung resultiert das Erfordernis einer systematischen Planung aller Personalbeschaffungsaktivitäten und deren Kontrolle auf der Basis einer guten Zusammenarbeit aller betroffenen Stellen sowohl des Personalbereiches als auch der Linie.

Schlußbetrachtung

Mit dem vorliegenden Buch wurde der Versuch unternommen, ein bis jetzt meist nur in Teilbereichen behandeltes Gebiet der Betriebswirtschaftslehre systematisch im Rahmen einer modernen, mitarbeiterorientierten Personalkonzeption darzustellen. Dabei erstrecken sich die Ausführungen nicht allein auf betriebswirtschaftliche, sondern auch auf psychologische, soziologische, rechtliche, medizinische und gesellschaftspolitische Aussagen zum Bereich des Personalwesens. Bedingt durch diese Vielzahl relevanter wissenschaftlicher Disziplinen und der Fülle der zu beachtenden Einflußfaktoren und deren vielfältiger Interdependenz, mußten sich die Ausführungen auf die Grundprobleme des Personalmarketing und der Personalbeschaffung beschränken. Eine Reihe von damit in Zusammenhang stehenden bedeutsamen Fragen konnten nur angedeutet werden bzw. mußten unberücksichtigt bleiben.

So konnte z. B. der Komplex möglicher zukünftiger Entwicklungen im Personalmarketing und dem Bereich der Personalbeschaffung nicht erörtert werden. Stichpunktartig seien hier erwähnt:

- die Entwicklung neuartiger personalpolitischer Instrumente,
- die Konzeption neuer Beteiligungs- und Entlohnungssysteme,
- das zukünftige Verhältnis von Arbeits-, Frei- und Ausbildungszeit,
- die Auswirkungen bildungspolitischer Maßnahmen,
- die personalpolitischen Konsequenzen der zunehmenden Forderung nach „Qualität des Lebens“,
- die Einflüsse politischer und wirtschaftlicher Krisen auf den Arbeitsmarkt und den Personalbereich,
- die zunehmende staatliche Arbeitsvermittlung durch den Einsatz von Computern,
- die zunehmende Integration der Frau in das Berufsleben unter dem Gesichtspunkt der Gleichberechtigung,
- die Rückwanderung ausländischer Mitarbeiter,
- die Entwicklung der zwischenstaatlichen Mobilität im EG-Raum.

Um alle diese Probleme einer realitätsnahen Lösung zuzuführen, bedarf es noch intensiver und umfangreicher theoretischer und empirischer, interdisziplinärer Untersuchungen.

Die mitarbeiterorientierte Konzeption des Personalmarketing und des entsprechend entwickelten und angewandten Instrumentariums, u. a. insbesondere der Personalbeschaffung, erscheinen durchaus geeignet, dem personellen Bereich der Organisation neue Wege zu eröffnen und die Arbeitswelt humaner und zugleich effizienter zu gestalten.

Quellenangaben

1) Six, F.A.: Marketing in der Investitionsgüterindustrie, Bad Harzburg 1968, S. 11

2) Linnert, P.: Die neuen Techniken des Marketing, 2. Aufl., München 1970, S. 21

3) Zu Marketing-Definitionen vgl.: Albrecht, H. P., Konsument und Marketing, Diss. St. Gallen 1968, S. 64

Fischer, A. J.: Marketing als Instrument der Unternehmensführung, in: Absatzwirtschaft, hrsgg. von Hessenmüller, B., Schauler, Baden-Baden 1964, S. 71

Hammel, W.: Das System des Marketing, Freiburg/Br. 1963, S. 173

Kotler, P.: Marketing Management: Analysis, Planning and Control, New Jersey 1967, S. 12

Lazo, H., Corbin, A.: Management in Marketing, New York, u. a., 1961, S. 72

Nieschlag, R., Dichtl, E., Hörschgen, H.: Marketing, Berlin 1971, S. 32;
Preisig, H.: Marketing in der Produktionsgüterindustrie, Winterthur 1962, S. 13

v. Stachelberg, K. G.: Marktstrategie ohne Geheimnis, Wien 1969, S. 108

4) Meyer, P. W., u. a.: Grundlagen des Marketing als Manuskript gedruckt, Augsburg 1972, S. 3 f. Vgl. auch: ders., Die machbare Wirtschaft, Essen 1973, S. 11 ff.

5) Meyer, P. W., u. a., a. a. O., S. 4

6) Linnert, P., a. a. O., S. 22. Vgl. auch Meyer, P. W., a. a. O., S. 113 ff.

7) Perridon, L., Macharzina, K.: Die Zukunft des Managements, in: Bayern auf dem Weg in das Jahr 2000, Hrsg. Schmacke, E., Düsseldorf 1971, S. 360

8) Linnert, P., a. a. O., S. 23

9) Mentzel, K., a. a. O., S. 19

10) Schmitt, M.: Marketing als Instrument moderner Unternehmensführung, in: Rationalisierung, 20. Jg., 1969, Heft 2, S. 36

11) Vgl. Heinen, E.: Industriebetriebslehre, Wiesbaden 1972, S. 449 f.

12) Staehle, W.: Kennzahlen und Kennzahlensysteme als Mittel der Organisation und Führung von Unternehmen, Wiesbaden 1969, S. 23

13) Vgl. zur Human Relations-Bewegung, Spencer, M., Siegelmann, L.: Managerial Economics, Decision Making and Forward Planning, Homewood, Illinois, 1964, S. 37, und Chase, St.: Die Wissenschaft vom Menschen, deutsche Übersetzung von H. Diez, Wien und Stuttgart, 1951, S. 206 ff. Broom, L., Selznick, P.: Sociology, a text with adapted readings, New York 1958, S. 15

14) Meyer, P. W., u. a., a. a. O., S. 39

15) Meyer, P. W., u. a., a. a. O., S. 43 f.

16) Meyer, P. W., u. a., a. a. O., S. 44. Vgl. auch: Fischer, G.: Arbeitsmarkt- und Arbeitsmarktforschung, S. 265-287, S. 265 ff. Weber, E.: Der freie und der gebundene Arbeitsmarkt, in: Handwörterbuch der Sozialwissenschaft, 1. Bd. 1956, S. 321-332

Dieses vereinfachte Modell des Arbeitsmarktes kann dahingehend modifiziert werden, daß Arbeitgeber und Arbeitnehmer von verschiedenen Standpunkten aus betrachtet werden. Denn der Arbeitgeber kann sowohl als Anbieter von Arbeitsplätzen als auch als Nachfrager nach Arbeitsplätzen oder als Anbieter von Arbeitsleistungen gesehen werden. Je nach Arbeitslage können sich hieraus unterschiedliche Verhandlungspositionen für die Partner (Arbeitgeber – Arbeitnehmer) ergeben

17) Marx, A.: Die Personalplanung in der modernen Wettbewerbswirtschaft, Baden-Baden 1963, S. 14

18) Vgl. Jahreszahlen zur Arbeitsstatistik für 1971, Hrsgg. von der Bundesanstalt für Arbeit, Nürnberg 1972.

Klabunde, H., Meyer, K.: Der Arbeitsmarkt in der Bundesrepublik Deutschland, Stuttgart, 1962.

Ergebnisse der Berufsberatungsstatistik in der Bundesrepublik für das Berichtjahr 1971. Beilage zu den amtlichen Nachrichten der Bundesanstalt für Arbeit

19) Kroeber-Keneth, L.: Die Auslese der Begabten, Düsseldorf, Wien, 1966, S. 89

20) Vgl. hierzu Weber, M.: Die protestantische Ethik und der Geist des Kapitalismus, in: Weber, M.: Gesammelte Aufsätze zur Religionssoziologie I, Tübingen, 1920, S. 17-206, zuerst erschienen im Archiv für Sozialwissenschaft und Sozialpolitik, Band XX und XXI, Tübingen, 1904 und 1905; Vgl. auch: Herzberg, F., a. a. O., S. 32 ff.

21) Zur Problematik „Personalpolitik" vgl. Calhoon, R.: Managing Personnel, New York 1963, insbes. S. 3-45; Jucius, M., a. a. O.; Flippo, E.: Principles of Personnel Management, New York 1971, insbesondere S. 3-35, und 78 f.; Hax, K.: Personalpolitik und Mitbestimmung, Köln und Opladen, 1969, insbes. S. 18 ff.; Mellerowicz, K.: Personal- und Sozialpolitik, in: Unternehmenspolitik, Bd. II, Freiburg i. Br. 1963, S. 280- 368; Jacobi, F.: Personalpolitik, Düsseldorf und Wien, 1963; Scherpf, A.: Personalmanagement im Umbruch, München, 1970; Keiper, E.: Die Personalpolitik, Diss., Wirtschaftshochschule Mannheim 1961; Bambrick, J.: Guidelines for Developing Workable Personnel Policies, in: Personnel 38, 1961, Heft 5, S. 69-76

22) v. Eckardstein, D., u. Schnellinger, F.: Personalmarketing im Einzelhandel, Eine Fallstudie, Berlin 1971, S. 15

23) Hunziker, P.: Personalmarketing, Betriebswirtschaftliche Mitteilungen, Bern 1973, S. 7. Vgl. auch zu weiteren Definitionen von Personalmarketing: Hesse, J., Mentzel, K.: Inner- und außerbetriebliche Personalmarktforschung, in: Sonderausgabe für die Unternehmensleitung, Extra 73 , 1973, S. 77 ff., Geißler, J.: Team sucht Kollegen, in: Absatzwirtschaft 1970, Heft 19, S. 38-42; Comelli, G., a. a. O., S. 22; Opitz, K.: Tendenzen der Personalwerbung, in: Handelsblatt, PR-Beilage 2.11.1970

24) Vgl. Maslow, A.: Motivation and Personality, New York 1954. Vgl. auch: Taylor, L. K.: Not for Bread alone, London 1972; Herzberg, F., a. a. O., S. 44 ff.; Strauss, G., Sayles, L.: Personnel The Human Problems of Management, Englewood Cliffs, 1967, S. 6 ff.

25) Die Wandlung bedeutet keine Falsifizierung der Bedürfnis-Hierarchie von Maslow, sondern ist Ausdruck für erfolgte Befriedigung der Bedürfnisse niedrigerer Ebene, wie z. B. der physiologischen Bedürfnisse. Dabei ist zu beachten, daß es sich hierbei nicht um eine absolute, sondern relative und zeitweise Bedürfnisbefriedigung handelt

26) Vgl. Messerschmitt-Bölkow-Blohm, München 1972

27) Mertens, D.: Arbeitsmarkt- und Berufsforschung, Stuttgart, 1971, S. 59

28) Vgl. „Mitteilungen" des Instituts für Arbeitsmarkt- und Berufsforschung, Heft 9, 1969, S. 751; entn. Mertens, D., a. a. O., S. 62 f.

29) Vgl. Mertens, D., a. a. O., S. 60 ff.

30) Fischer, G., a. a. O., S. 276; Fischer gliedert den Arbeitsmarkt in den allgemeinen Arbeitsmarkt und in die regionalen und funktionalen Arbeitsmärkte, S. 265-276

31) Meyer, P. W., u. a., a. a. O., S. 69

32) Zur Problematik der Information und Dokumentation im Institut für Arbeitsmarkt- und Berufsforschung vgl. Mertens, D., a. a. O., S. 87-97

33) Vgl. zur ausführlichen Darstellung: Mertens, D., a. a. O., S. 11 ff. Fischer, G., a. a. O., Geißler, J., a. a. O., Hesse, J., Mentzel, K.: Inner- und außerbetriebliche Personalmarktforschung, a. a. O., Hesse, J.: Checkliste für innerbetriebliche Personalmarktforschung, in asw., Heft 6/72, S. 28 f.; Paulsen, S., a. a. O., S. 231 ff.

34) Staudacher, F.: Die Informationspolitik, Ein Instrument betrieblicher Personalpolitik, Diss. München 1967, S. 42

35) Vgl. Likert, R.: New Patterns of Management, New York 1961; Groß, F.: Mensch und Organisation in der Unternehmung, Wiesbaden 1966; Rippe, N.: Organisation und Personalwesen, Düsseldorf 1971; Macharzina, K.: Einführung in die Organisationslehre, als Manuskript veröffentlicht, Augsburg 1973; Salber, W.: Psychologische Beiträge zum Verständnis der Beeinflussung, Kölner Zeitschrift für Soziologie und Sozialpsychologie, 14. Jg. 1962, S. 87-104

36) Vgl. zum Anreiz-Beitrags-Problem: March, J., Simon, H., a. a. O., S. 84 ff.

37) v. Rosenstiel, L.: Motivation im Betrieb, München 1972, S. 68

38) Vgl. v. Rosenstiel, L., a. a. O., S. 68-134. v. Rosenstiel unterscheidet zwischen systembeeinflußbaren und nicht beeinflußbaren Anreizen

39) v. Eckardstein, D., Schnellinger, F., a. a. O., S. 38

40) Vgl. Goossens, F.: Personalleiter-Handbuch, 5. Auflage, München 1970, S. 724

41) Häusler, J.: Grundfragen der Betriebsführung, Wiesbaden 1966, S. 79 ff.

42) Zander, E., Grabner, G., Knebel, H., Pillat, R.: Führungssysteme in der Praxis, Heidelberg 1972, S. 37

43) Staudacher, F., a. a. O., S. 56

44) Ebd. S. 62

45) Vgl. v. Rosenstiel, L., a. a. O., S. 90 ff.

46) Vgl. Brandstätter, H.: Theorie und Technik der Beurteilung von Mitarbeitern, hrsgg. vom Psychologischen Institut der Universität, Abtlg. für angewandte Psychologie, München 1967, S. 2; vgl. auch: Bötcher, E.: Die Beurteilung der Mitarbeiter und die Auslese des Schlüsselpersonals, Bad Harzburg 1965, S. 16

47) Dirks, H.: Die Personalbeurteilung im Betrieb, Düsseldorf 1962, S. 20. Vgl. die ausführlichen Darstellungen hierzu von: Nutzhorn, H.: Leitfaden der Personalbeurteilung, Frankfurt/M. 1965, S. 20-51, Raschke, H.: Taschenbuch für Personalbeurteilung, Heidelberg 1969

48) Dirks, H., a. a. O., S. 14 f.

49) Ulrich, H., a. a. O., S. 327

50) Ulrich, H., Staerkle, R.: Personalplanung, Köln/Opladen 1965, S. 9

51) Thomsen, W.: Methoden der Personalplanung, in: Marx, A.: Personalführung Band I, a. a. O., S. 37-46, S. 37
Anmerkung: Es muß statt ausführungsreichen – ausführungsreifen heißen, es scheint ein Druckfehler vorzuliegen

52) Hentze, J.: Funktionale Personalplanung, Frankfurt/M., 1969, S. 130

53) Ausbildung = Vermittlung von Kenntnissen und Fertigkeiten für erstmalige Ausübung eines Berufes oder einer Tätigkeit,
Weiterbildung = Vertiefung vorhandenen Wissens,
Fortbildung = Erweiterung des Wissens.
Unter dem Begriff Ausbildungsplanung werden in den weiteren Ausführungen alle drei genannten Ausbildungsarten subsummiert

54) v. Rosenstiel, L., a. a. O., S. 121

55) Die Laufbahnlinie stellt eine auf den Stellenplan abgestimmte Stellenfolge dar. Vgl. Heinen, E., a. a. O., S. 536
Sie zeigt nicht nur die Stellenfolge auf, sondern gibt auch Informationen über den Zeitablauf und den erforderlichen Wissensstand

56) Oeckl, A.: Handbuch der Public Relations, Theorie und Praxis der Öffentlichkeitsarbeit in Deutschland und der Welt, München 1964, vgl. auch: Kropff, H. F. J.: Angewandte Psychologie und Soziologie in Werbung und Vertrieb, Stuttgart 1960, S. 100 ff.; Meyer, P. W., u. a. a. a. O., S. 52 ff.
Public Relations sind von der Werbung zu unterscheiden. Werbung ist darauf ausgerichtet, konkrete Handlungen (Zusagen, Beitrittserklärungen, Kauf, Miete, Pacht usw.) auszulösen. Vgl. Meyer, P. W., u. a. a. a. O., S. 54

57) Vgl. Meyer, P. W., u. a. a. a. O., S. 54

58) O. Verf.: Marketing- und Verkaufsleiterhandbuch, hrsgg. vom Verlag Moderne Industrie, München 1970, S. 673

59) Vgl. Oeckl, A., a. a. O.

60) Vgl. Hundhausen, C.: Public Relations, Eine Analyse, in: ZfB, 36. Jg. (1966), S. 76-94

61) Büchner, R.: Personalmarketing, Weg zur kreativen Personalführung, in: W & V Journal, o. Jg., S. 3-4

62) Kropff verwendet den Begriff der „innerbetrieblichen Werbung“ und sieht deren Ziel und Zweck in der tätigen Hilfe bei der Lösung wichtiger Probleme der Menschenführung im Betrieb. Vgl. Kropff, H. F. J., a. a. O., S. 80 ff. Im Rahmen der Zielsetzung dieses Buches erscheint der Begriff „Internal Relations“ geeigneter, da er nicht nur für die Unternehmung, sondern für alle Organisationen anwendbar ist. Ferner zeigt er Gegensatz und wechselseitige Abhängigkeit zu den Public Relations auf

63) Vgl. Potthoff, E.: Organisation des Personalwesens, in: Grochla, E. (Hrsg.), Handwörterbuch der Organisation, Stuttgart 1969, Sp. 1296-1305, S. 1298 f.

64) Vgl. Potthoff, E., a. a. O., Sp. 1300

65) Marx, A.: Personalplanung, a. a. O., S. 61

66) Vgl. Beste, Th.: Fertigungswirtschaft und Beschaffungswesen, in: Handbuch der Wirtschaftswissenschaften, Band I, Betriebswirtschaft, Köln/Opladen, 1958, S. 278. Meyer, W., a. a. O., S. 5 f. Munz, M.: Beschaffung, in: Handwörterbuch der Betriebswirtschaft, Stuttgart 1956, S. 671

67) Vgl. S. 36 ff. dieses Buches

68) Mertens, D., a. a. O., S. 15

69) Hesse, J., Mentzel, K., a. a. O., S. 77

70) Vgl. Mertens, D., a. a. O., S. 12. Die Grenzen der Arbeitsmarktforschung sieht Mertens:
- „in der Begrenztheit der verfügbaren Informationen;
- in der (definitionsgemäßen) Unvorhersehbarkeit des tatsächlich Neuen in Technik, Wirtschaft und Gesellschaft;
- in der Diskontinuität der – überwiegend nicht langfristig vorausplanenden – Politik" a. a. O., S. 30 f.

71) Vgl. hierzu die Übersicht über neuere langfristige Arbeitsmarktprojektionen für die Bundesrepublik Deutschland, Mertens, D., a. a. O., S. 30 f.

72) Mertens, D., a. a. O., S. 22

73) Mertens, D., a. a. O., S. 27

74) O. Verf.: Einstellungsbedarf bis 1980, in: Materialien aus der Arbeitsmarkt- und Berufsforschung Nr. 35/1971, S. 4

75) Vgl. Spiegel, B., a. a. O., S. 29 f.

76) Vgl. Overbeck, J. F., a. a. O., S. 122 ff.
O. Verf.: Personal-Marketing, in: Marktpsychologie, a. a. O., S. 341-346

77) Overbeck, J. F., a. a. O., S. 131
Dieses Ergebnis ist nicht repräsentativ für den gesamten Arbeitsmarkt, sondern nur für den Arbeitsmarkt „Examensreife Studenten der Bankbetriebslehre" an der Universität München

78) O. Verf.: Zur Bedeutung „neuer Berufe" für die Beschäftigung, a. a. O., S. 2 f.

79) Occupational Outlook Handbook 1965/65, zit. nach: o. Verf.: Zur Bedeutung „neuer Berufe" für die Beschäftigung, in: Materialien aus der Arbeitsmarkt- und Berufsforschung, Nr. 33/1971, S. 3

80) Vgl. Mertens, D., a. a. O., S. 50 f.
Zur Werthierarchie der Berufe vgl. Scharmann, Th.: Arbeit und Beruf, Tübingen 1956
Caplow, Th.: Soziologie der Arbeit, Meisenheim 1958, S. 26 ff.
Inkeles, A., Rossi, P. H.: National Comparisons of Occupational Prestige, Amer. Journal of Sociology, Vol. 61, 4, 1956

81) Timner, D.: Berufsstatus und Personalwerbung, in: Marktpsychologie, a. a. O., S. 357-359

82) Vgl. ebenda, S. 359

83) Timner, D., a. a. O., S. 361 f.

84) Vgl. Ries, H., a. a. O., S. 77

85) Vgl. Timner, D., a. a. O., S. 376 f.

86) Ries, H., a. a. O., S. 79

87) Vgl. Ries, H., a. a. O., S. 78 und Scheuch, E. K.: Sozialprestige und soziale Schichtung, in: Soziale Schichtung und soziale Mobilität, Hrsg. Glass, D. W., König, R., Köln 1965, S. 92. Timner, D., a. a. O., S. 376

88) Heinen, E., a. a. O., S. 494.
Nach Heinen ist dies besonders bei Vollbeschäftigung von Bedeutung, da hier Maßnahmen der Personalwerbung in ihrer Wirkung Abwerbungsmaßnahmen gleichkommen. Vgl. ebenda, S. 494

89) Heinen, E., a. a. O., S. 495

90) v. Rosenstiel, L., a. a. O., S. 46

91) v. Rosenstiel, L., a. a. O., S. 46 ff. Vgl. auch: Flippo, E. B., a. a. O., S. 361 ff.
Er nennt folgende berufliche Erwartungen:
- Pay
- Security of job
- Congenial associates
- Credit of work done
- A meaningful job
- Opportunity to advance
- Comfortable, safe, and attractive working conditions
- Competent and fair leadership
- Reasonable orders and directions
- A socially relevant organization

92) Vgl. Schein, E. H.: How to Break in the College Graduate, in: Havard Business Review, 1964, Nr. 6, S. 68-76, S. 68 (deutsche Übersetzung v. Verf.). Vgl. auch S. 33 dieses Buches

93) Schmidtke, H., Schmale, H.: Arbeitsanforderung und Berufseignung, Bern/Stuttgart, 1961, S. 13.
Yoder, D., a. a. O., S. 214, schreibt: „Information about jobs may be secured from three principal sources: (1) employees on these jobs; (2) other employees, including supervisors, who know these jobs; and (3) independent observers who watch employees performing their jobs."

94) Vgl. Yoder, D., a. a. O., S. 212. Er nennt folgende Inhalte:
1. The job identification
2. Distinctive or significant characteristics of the job
3. What the typical worker does
4. What materials and equipment the worker uses
5. How the job is performed
6. Requised personal attributes
7. Job relationships

95) Vgl. Jucius, M. J., a. a. O., S. 102 (deutsche Übersetzung v. Verf.)

96) Schmidtke, H., Schmale, H., a. a. O., S. 24 f.

97) Vgl. Jucius, H. J., a. a. O., S. 103 (deutsche Übersetzung v. Verf.)

98) Vgl. Bobrowski, P., Gaul, D., a. a. O., S. 60 ff.
Schlessmann, K., a. a. O., S. 98 ff.

99) Vgl. Arbeitsförderungsgesetz (AFG):
§ 7 Auskunftspflicht anderer Stellen und Personen
§ 9 Anmeldung freier Arbeits- und Ausbildungsplätze
§ 10 Anzeige der Einstellungen und Entlassungen

100) Vgl. § 92 Betriebsverfassungsgesetz: „(1) Der Arbeitgeber hat den Betriebsrat über die Personalplanung, insbesondere über den gegenwärtigen und künftigen Personalbedarf sowie über die sich daraus ergebenden personellen Maßnahmen und Maßnahmen der Berufsbildung an Hand von Unterlagen rechtzeitig und umfassend zu unterrichten. Er hat mit dem Betriebsrat über Art und Umfang der erforderlichen Maßnahmen und über die Vermeidung von Härten zu beraten."

101) Vgl. § 99 Betriebsverfassungsgesetz: „(1) In Betrieben mit in der Regel mehr als zwanzig wahlberechtigten Arbeitnehmern hat der Arbeitgeber den Betriebsrat vor jeder Einstellung, Eingruppierung, Umgruppierung und Versetzung zu unterrichten,

ihm die erforderlichen Bewerbungsunterlagen vorzulegen und Auskunft über die Person der Beteiligten zu geben; er hat dem Betriebsrat unter Vorlage der erforderlichen Unterlagen Auskunft über die Auswirkungen der geplanten Maßnahme zu geben und die Zustimmung des Betriebsrates . . . einzuholen. Bei Einstellung und Versetzung hat . . . den in Aussicht genommenen Arbeitsplatz und die vorgesehene Eingruppierung mitzuteilen . . . "

102) Vgl. Galperin, H., a. a. O., S. 122

103) Zu den Förderungs- und Zuschußmaßnahmen der Bundesanstalt für Arbeit vgl.: Arbeitsförderungsgesetz (AFG): § 49 Anlernzuschüsse für Arbeitgeber; Förderung der beruflichen Bildung; §§ 50 ff., § 54 Leistungen an Arbeitgeber zur Eingliederung Schwervermittelbarer; § 55 Zuschüsse und Darlehen für Arbeitnehmer- und Jugendwohnheime; §§ 56 ff. Arbeits- und Berufsförderung Behinderter; §§ 91 ff. Maßnahmen zur Arbeitsbeschaffung insbesondere für ältere Arbeitnehmer §§ 97 ff.

104) Vgl. Betriebsverfassungsgesetz 1972, § 99

105) Vgl. § 4 Arbeitsförderungsgesetz.
Zu möglichen Ausnahmefällen vgl. AFG § 18 und § 23.

Vgl. auch: Maibaum, K., Beie, F., Rademacher, M., a. a. O., S. 21 ff.

Uhlig, O.: Arbeit – amtlich angeboten – Der Mensch auf seinem Markt. Stuttgart u. a. 1970

106) Für den Bereich der EWG gilt die volle Freizügigkeit der Arbeitnehmer. EWG-Verordnung Nr. 1612/68 vom 15.10.1968, abgedruckt in: Siebrecht, a. a. O., unter VI 9 e

107) Zur Vermittlung ausländischer Mitarbeiter vgl.: Arbeitsförderungsgesetz § 18: Anwerbung und Arbeitsvermittlung in bezug auf das Ausland; § 19: Arbeitserlaubnis für nichtdeutsche Arbeitnehmer.

Maibaum, K., Beie, F., Rademacher, M., a. a. O., S. 122 ff.

Weber, R., a. a. O., Hessisches Institut für Betriebswirtschaft e. V., a. a. O.

108) Vgl. Betriebsverfassungsgesetz § 95, Auswahlrichtlinien. „(1) Richtlinien über die personelle Auswahl bei Einstellungen, Versetzungen, . . . bedürfen der Zustimmung des Betriebsrats . . . " und (2) In Betrieben mit mehr als 1000 Arbeitnehmern kann der Betriebsrat die Aufstellung von Richtlinien über die Maßnahmen des Absatzes 1 Satz 1 zu beachtenden fachlichen und persönlichen Voraussetzungen und sozialen Gesichtspunkte verlangen . . . "

109) Vgl. Stephan, G., Bell, A., a. a. O., S. 15 f.

110) Vgl. § 823 BGB „Wer vorsätzlich oder fahrlässig das Leben, den Körper, die Gesundheit, die Freiheit, das Eigentum oder ein sonstiges Recht eines anderen widerrechtlich verletzt, ist dem anderen zum Ersatze des daraus entstehenden Schadens verpflichtet." Abgedruckt in: Schönfelder, H., Deutsche Gesetze, Textsammlung, Loseblattsammlung, München/Berlin

111) Vgl. auch: Schmid, K., Eignungstest: Das geht zu weit, in: plus, 3/1972, S. 71-74

112) Vgl. Schmid, K., a. a. O., S. 71.
Bei Verweigerung wird der Bewerber jedoch in aller Regel aus dem Kreis der Bewerber ausscheiden. Unter Umständen kann die Verweigerung auch eine Kündigung nach sich ziehen. Vgl. ebenda S. 71

113) Zu Gestaltungsformen des Arbeitsvertrages vgl.: Bobrowski, P., Gaul, D., a. a. O., S. 73-122. Schlessmann, K., a. a. O., S. 82-324

114) Zur Förderung der beruflichen Bildung vgl. §§ 33-52 AFG. Betriebsverfassungsgesetz §§ 96 ff. Deutsche Gesellschaft für Personalführung e. V., a. a. O., S. 84 ff. Berufsbildungsgesetz vom 14.8.1969 i. d. F. vom 12.3.1971. Bundesausbildungsförderungsgesetz vom 26.8.1971

115) Vgl. Meyer, P. W., Koller, B.: Die Rolle der Wirtschaftswerbung bei der Sozialisation, in: Sozialisation und Massenkommunikation, Hrsg. Ronneberger, F., Band IV, Der Mensch als soziales und personales Wesen, Stuttgart 1971, S. 378-398

116) Ebenda S. 378
Vgl. zur Kommunikation: Coenenberg, A.: Die Kommunikation in der Unternehmung, Wiesbaden 1966. Kramer, R.: Information und Kommunikation, Berlin 1965. Reimann, H., a. a. O.

117) Bedingt und mittelbar zählt die Behandlung augenblicklich nicht einsetzbarer, unaufgeforderter Bewerber zu den Methoden der Personalbeschaffung

118) Vgl. Meyer, P. W.: Wirkungs- und Erfolgskontrollen im Marketing, in: Werbung im Wandel, 1945-1995, Eine Sammlung von werbefachlichen Texten, Hrsg. Hundhausen, C., Essen 1972, S. 151-157.
Vgl. auch Meyer, P. W.: Ist die Werbung besser als ihr Ruf? Sonderdruck aus der „adw-umschau", Heft 6, Juni 1965

119) O. Verf.: Innerbetriebliche Stellenausschreibung, in: „Arbeitsberichte", Informationen für die Betriebsleitung Nr. 33, hrsgg. vom Ausschuß für soziale Betriebsgestaltung bei der Bundesvereinigung der Deutschen Arbeitgeberverbände, 1972, S. 1.
Oster, D.: Personalplanung im Führungsbereich, in: Marx, A.: Personalführung, Band I, a. a. O., S. 79-98

120) Vgl. Deutsche Gesellschaft für Personalführung, e. V.: Die personalpolitischen Konsequenzen des neuen Betriebsverfassungsgesetzes, a. a. O., S. 68 ff.

121) Vgl. Deutsche Gesellschaft für Personalführung, e. V., Hrsg.: Unterlagen zur Ausbildung des Personalsachbearbeiters, Neuwied/Berlin 1969, S. 156

122) NCR-Augsburg, Abteilung Personalplanung und -entwicklung

123) Vgl. Weber, R.: Das Dienstalter als Auslesekriterium bei Beförderungen, in: Personal, Heft 1/1970, S. 9-10

124) Ergänzt man z. B. das Bild 28 mit den Namen der aktuellen Stelleninhaber, so können aus ihr und den entsprechenden Angaben zur Person der Stelleninhaber, frühzeitig interne Laufbahnbewegungen sowie interne Deckungsmöglichkeiten der freigewordenen Stellen erkannt werden

125) Vgl. hierzu §§ 33 ff. AFG

126) Hackstein, R., Nüssgens, K. H., Uphus, P. H.: Personalbeschaffung a. a. O., S. 28.
Vgl. auch: Deutsche Gesellschaft für Personalführung, e. V., Hrsg.: Der Leiter des Personalwesens, Eine Anleitung zur Ausbildung, Neuwied/Berlin 1967, S. 96

127) Vgl. Maibaum, K., Beie, F., Rademacher, M., a. a. O., S. 32-63

128) Vgl. Maibaum, K., Beie, F., Rademacher, M., a. a. O., S. 78

129) Vgl. Deutsche Gesellschaft für Personalführung e. V.: Unterlagen zur Ausbildung des Personalsachbearbeiters, a. a. O., S. 160

130) Vgl. § 14 Abs. 1 AFG

131) Maibaum, K., Beie, F., Rademacher, M., a. a. O., S. 85
„ . . . eigentliche Arbeitsvermittlung . . . " kursiv gedruckt

132) Vgl. Kroeber-Keneth, L.: Wie findet man qualifizierte Mitarbeiter, Düsseldorf 1960, S. 25

133) Zum Einsatz von Computern zur Arbeitsvermittlung vgl.: Dear, E.: Computer Job Matching, Now and Tomorrow, in: Personnel May-June 1970, S. 57-63

Schweisheimer, W.: Stellenvermittlung mit Hilfe von Computern, in: Personal, 22. Jg. 1970, Nr. 2, S. 45 f. Stingl, J.: Arbeitsvermittlung aus dem Computer, in: Management-Dokumentation, Handelsblatt/plus, Nov. 1970, S. 26

134) O. Verf.: DIE WELT, unveröffentlichte Ergebnisse von Befragungen

135) Vgl. Esch, H.: Stellenbewerber – nicht länger das unbekannte Wesen, in: W & V Journal, Journal 3, S. 20-23

136) Vgl. Timner, D., a. a. O., S. 357

137) Esch, H., a. a. O., S. 23

138) Zum Entwurf, der Gestaltung und der Streuung von Stellenanzeigen vgl.:

Freundl, S., Taschenbuch für Personalplanung und Stellenausschreibung, Heidelberg 1967

Kroeber-Keneth, L.: Wie findet man qualifizierte Mitarbeiter? a. a. O., S. 43-55

Manekeller, W., Möhl, W.: Mitarbeiter-Beurteilung, Bad Wörishofen 1970

Stecher, R.: Stellenangebote entwerfen, gestalten, streuen, München 1963

Trautmann, W.: Die Stellenanzeige – ein Werkzeug der Personalpolitik, Ludwigshafen 1966

139) Vgl. Comelli, G., a. a. O., S. 25-28

140) Vgl. Erl. des Präs. der Bundesanstalt für Arbeitsvermittlung vom 30.8.1956 (Rd.-Erl. 268/56 .1.7). Grundsätze zur Abgrenzung von Personalberatung und Arbeitsvermittlung bei der Besetzung von Stellen für Führungskräfte der Wirtschaft. Zu beachten ist hierbei, daß sich die Grundsätze auf die Mitwirkung bei der Suche nach Führungskräften beschränken.

141) Ebenda

142) Ebenda

143) Vgl. Berger, R., Geißler, J.: Rat statt raten, in: plus, 2. Jg., Nr. 3, 1968, S. 47-53

144) Vgl. unveröffentlichte Studie von Roland Berger, International Marketing Consultants, Suche und Auswahl von Führungskräften durch Personalberater in Deutschland, 1970, S. 3 ff.

145) Vgl. Siegert, W.: Arbeitskräfte aus dem Leihhaus, in: plus, 2. Jg. 1968, Heft 5, S. 51-54

146) O. Verf.: Siemens, Werbung von Schulabgängern im Raum München für Ausbildung bei Siemens durch Informationstage im WvS-Institut vom 24.-26.2.1972

147) Vgl. Grünaug, F.: Schlechte Behandlung von Bewerbungen, in: Mensch und Arbeit, Heft 8/1962, S. 230 f.

148) Vgl. Rothenhäusler, P.: Werbung, Heft 3, 1972, zit. nach: Hunziker, P., a. a. O., S. 23

149) Der erfolgreichen Kontaktaufnahme mit Bewerbern folgen als weitere Aktivitäten die Bewerberauswahl, der Vertragsabschluß und die Einführung der neuen Mitarbeiter in die Organisation. Zu diesen Problembereichen vgl.:

Dunnette, M.: Personnel selection and placement, Belmont 1970; Fischer, G. H.: Psychologische Testtheorie, Bern/Stuttgart 1968; Knoop, E.: Fibel der Personalauslese und Personalführung, Darmstadt 1957; Lückert, H. R.: Mitarbeiter auswählen, beurteilen und führen, München 1972; Raschke, H.: Taschenbuch für Bewerberauslese, Heidelberg 1969; Zucker, K.: Personalbeurteilung bei der Einstellung von Mitarbeitern, in: Marx, A., Personalführung Band I, Wiesbaden 1969;

O. Verf.: Einführung neuer Mitarbeiter, Deutsches Institut für Betriebswirtschaft e. V., Hrsg. Düsseldorf/Wien 1965

Weiterführende Literaturhinweise

Abkürzungen

aw	=	absatzwirtschaft
BFuP	=	Betriebswirtschaftliche Forschung und Praxis
fpe	=	forschen-planen-entscheiden
HBR	=	Harvard Business Review
IO	=	Industrielle Organisation
JoAR	=	Journal of Advertising Research
JoM	=	Journal of Marketing
JoMR	=	Journal of Marketing Research
MIR	=	Management International Review
MJ	=	Marketing Journal
NB	=	Neue Betriebswirtschaft
o. J.	=	ohne Jahrgang
o. Verf.	=	ohne Verfasser
RDO	=	Rechnungswesen, Datentechnik, Organisation
ZfB	=	Zeitschrift für Betriebswirtschaft
ZfbF	=	Zeitschrift für betriebswirtschaftliche Forschung
ZfO	=	Zeitschrift für Organisation

Von weniger bekannten Zeitschriften ist der vollständige Titel genannt.

Auf kapitelweise Einteilung wurde, um zahlreiche Doppel- und Mehrfachnennungen zu vermeiden, verzichtet.

Ackermann, A.: Praktische Psychologie für Führungskräfte. Die Kunst der Menschenführung, München 1972

Albrecht, H. P.: Konsument und Marketing, Diss. St. Gallen 1968

v. Altrock, V.: Abwerbung – wieder die schlechten Sitten? in: plus, 2. Jahrg., Nr. 8, 1968, S. 75 ff.

Apel, G.: Mitbestimmung. Grundlagen, Wege, Ziele, München 1969

Bambrick, J.: Guidelines for Developing Workable Personnel Policies, in: Personnel 38, H. 5, 1961, S. 69 ff.

Baur, W.: Neue Wege der betrieblichen Planung, Berlin/Heidelberg/New York 1967

Beach, D. S.: Personnel. The Management of People at Work, London 1970

Bender, B.: Zur Problematik der Gewichtung bei der Arbeitsbewertung, in: ZfbFuP, 12. Jahrg., 1960, S. 148 ff.

Berger, R., Geißler, J.: Rat statt raten, in: plus, 2. Jahrg., Nr. 3, 1968, S. 47 ff.

Berger, R.: Suche und Auswahl von Führungskräften durch Personalberater in Deutschland, unveröffentlichtes Manuskript, 1970

Berndt, F., Draeger, K.: Arbeitsförderungsgesetz (Hrsg.: Stingl, J.), Stuttgart 1969

Bertelsmann, G.: Die Personalplanung im Bereich der Unternehmensführung unter besonderer Berücksichtigung der unternehmensinternen Förderung des Führungsnachwuchses, Erlangen/Nürnberg 1968

Beste, T.: Fertigungswirtschaft und Beschaffungswesen, in: Handbuch der Wirtschaftswissenschaften, Bd. I, S. 278 ff. Köln/Opladen 1958

Bieding, F.,
Wendler, F.: Analytische Arbeitsbewertung von Angestelltentätigkeiten. Methoden, Probleme, Meinungen
Köln 1970

Binder, O. K.: Personalverwaltung mit EDV,
München 1972

Bleicher, K.: Perspektiven für Organisation und Führung von Unternehmungen,
Baden-Baden 1971

Bobrowski, P.,
Gaul, D.: Das Arbeitsrecht im Betrieb,
6., vollst. überarb. Auflage,
Heidelberg 1970

Böhrs, H.: Leistungslohn
Wiesbaden 1959

Ders.: Organisation des Industriebetriebs,
Wiesbaden 1963

Bötcher, E.: Die Beurteilung der Mitarbeiter und die Auslese des Schlüsselpersonals,
Bad Harzburg 1965

Bornemann, E.: Betriebspsychologie,
Wiesbaden 1967

Brandstätter, H.: Theorie und Technik der Beurteilung von Mitarbeitern,
München 1969

Broom, L.,
Selznick, P.: Sociology, a text with adapted readings,
New York 1958

Büchner, R.: Personalmarketing. Weg zur kreativen Personalführung,
in: w & v Journal, 3. S. 3 – 4

Calhoon, R.: Managing Personnel
New York 1964

Caplow, T.: Soziologie der Arbeit
Meisenheim 1958

Carell, E.: Arbeit,
in: HDSW, 1. Bd., 1956, S. 229 ff.

Cartwright, D., Zander, H.: Group Dynamics. Research and Theory, New York/Evanston 1958

Chase, S.: Die Wissenschaft von Menschen, deutsche Übersetzung von H. Dietz, Wien/Stuttgart 1951

Coenenberg, A. G.: Die Kommunikation in der Unternehmung, Wiesbaden 1966

Comelli, G.: Der Arbeitsmarkt ist leergefegt . . . in: Zeitschrift für Absatzwirtschaft, 1/1970, S. 21 ff.

Cuming, M. W.: The Theory and Practice of Personnel Management London 1970

Dear, E. P.: Computer Job Matching Now and Tomorrow in: Personnel, 1970 May – June, S. 57 ff.

Dichtl, E.: Marketing und Wohlfahrtsökonomik. Marketing-Seminar. Analysen, Theorien, Methoden und Techniken, in: absatzwirtschaft, Heft 10/1971, 2. Maiausgabe, S. 29 ff.

Diez, W.: Zielsetzung und Ergebnisbewertung bei der betrieblichen Ausbildung in: Industrielle Organisation, 1972, Nr. 7, S. 301 ff.

Dirks, H.: Die Personalbeurteilung im Betrieb, Düsseldorf 1956

Domsch, M., Gabelin, T.: Der Aufbau eines Systems zur Personaleinsatzplanung, in: ZfB, 41. Jahrg., 1971, Nr. 1, S. 59 ff.

Dunnette, M.: Personnel selection and Placement, 4. Aufl., Belmont 1969

v. Eckardstein, D.: Laufbahnplanung für Führungskräfte, Berlin 1971

v. Eckardstein, D., Schnellinger, F.: Personalmarketing im Einzelhandel. Eine Fallstudie, Berlin 1971

Edding, F.: Perspektiven für die betriebliche Weiterbildung, in: IBM Nr. 212, 22. Jahrg., 1972, S. 273 ff.

Edholm, O. G.: Probleme der Arbeitswissenschaft. Eine Einführung in die Ergonomie, London 1967

Esch, H.: Stellenbewerber – nicht länger das unbekannte Wesen, in: w & v Journal, 3. S. 20 ff.

Findeisen, F.: Beschaffungstheorie, in: Handwörterbuch der Betriebswirtschaft, 1. Aufl., Sp. 1020 ff., Stuttgart 1956

Fischer, A. J.: Marketing als Instrument der Unternehmensführung, in: Absatzwirtschaft, S. 71 ff., Baden-Baden 1964

Fischer, G.: Arbeitsmarkt und Arbeitsmarktforschung, in: Bidlingmaier, J., Modernes Marketing – Moderner Handel, S. 265 ff., Wiesbaden 1972

Fischer, G. H.: Psychologische Testtheorie, Stuttgart 1968

Fitting, K., Krargeloh, Auffarth, F.: Betriebsverfassung, 9. Aufl., München 1971

Flippo, E.: Principles of Personnel Management, New York 1966

Freundl, S.: Taschenbuch für Personalplanung und Stellenausschreibung, Heidelberg 1967

Friedrichs, H.: Probleme und Lösungsmöglichkeiten der Beschäftigung älterer Mitarbeiter, in: Mensch und Arbeit, 18. Jahrg., Nr. 2, 1966, S. 34 ff.

Fürstenberg, F.: Das Aufstiegsproblem in der modernen Gesellschaft, Stuttgart 1969

Gäfgen, G.: Zur Theorie der wirtschaftlichen Entscheidung, Tübingen 1963

Galperin, H.: Das Betriebsverfassungsgesetz 1972, Heidelberg 1972

Gaugler, E.: Die innerbetriebliche Meinungsforschung, in: ZfB 1953, 23. Jahrg., S. 648 ff.

Geißler, J.: Team sucht Kollegen, in: Zeitschrift für Absatzwirtschaft, H. 19/1970, S. 38 ff.

Goossens, F.: Handbuch der Personalleitung, München 1959

Ders.: Der Personal-Wechsel, Pöcking 1957

Ders.: Inwieweit, wem und wie sollen Entgelte im Betrieb bekannt gemacht werden? in: Personal, Heft 2/1970, S. 34 ff.

Groß, H. F.: Mensch und Organisation in der Unternehmung, Wiesbaden 1966

Gutenberg, E.: Grundlagen der Betriebswirtschaft: Bd. I Die Produktion, Berlin/Heidelberg/New York 1966

Hackstein, R., Nüssgens, K. H., Uphus, P. H.: Personalentwicklung im System Personalwesen, in: Fortschrittliche Betriebsführung, 21/1972, Heft 2, S. 85 ff.

Dies.: Personalbedarfsermittlung im System Personalwesen,
Teil I: Fortschrittliche Betriebsführung, 20/1971, Heft 3, S. 105 ff.,
Teil II: Fortschrittliche Betriebsführung, 20/1971, Heft 4, S. 159 ff.

Dies.: Personalbeschaffung im System Personalwesen, in: Fortschrittliche Betriebsführung, 21/1972, Heft 1, S. 23 ff.

Dies.: Personalwesen als eine primäre Führungsaufgabe, in: Fortschrittliche Betriebsführung, 19/1970, Heft 4, S. 88 ff.

Häusler, J.: Personalpolitik von morgen in: Führungskräfte heute und morgen, S. 68 ff., Düsseldorf/Wien 1966

Ders.: Grundfragen der Betriebsführung. Eine Analyse der Führungsproblematik in Wissenschaft und Praxis, Wiesbaden 1966

Hammel, W.: Das System des Marketing, Freiburg i. B. 1963

Hans, W.: Abwerbung von Arbeitskräften, Diss. Köln 1958

Hax, K.: Wandlungen der betrieblichen Personalpolitik unter dem Einfluß des Industrialisierungsprozesses, in: ZfhF, 14. Jahrg., 1962, S. 415 ff.

Ders.: Personalpolitik und Mitbestimmung, Köln/Opladen 1969

Heinen, E.: Industriebetriebslehre. Entscheidungen im Industriebetrieb, Wiesbaden 1972

Ders.: Das Zielsystem der Unternehmung, Wiesbaden 1966

Hentze, J.: Funktionale Personalplanung, Frankfurt/M. 1969

Ders.: Die Hauptdeterminanten des quantitativen Personalbedarfs, in: ZfB, 40. Jahrg., 10/1970, S. 677 ff.

Herzberg, F.: Work and the Nature of Man, Cleveland/New York 1969

Herzberg, F., Mausnet, B., Syndermann, B.: The Motivation to work, New York 1959

Hesse, J.: Checkliste für innerbetriebliche Personalforschung, in: absatzwirtschaft Nr. 6., März 1972, S. 28 ff.

Hesse, J., Mentzel, K.-H.: Inner- und außerbetriebliche Personalmarktforschung, in: Sonderausgabe für die Unternehmensleitung, Extra 1973, S. 77 ff.

Höhn, R.: Führungsbrevier der Wirtschaft, Bad Harzburg 1969

Höhn, E.: Das berufliche Fortkommen von Frauen. RKW Förderung der Frauen-Arbeit, Frankfurt/M. 1964

Hofstätter, P. R.: Gruppendynamik. Kritik der Massenpsychologie, Hamburg 1957

Hohmann, P.: Wie man gute Menschen macht, in: absatzwirtschaft, 2/1972, S. 22 ff.

Horné, A.: Gibt es einen gerechten Lohn? Frankfurt/M. 1965

Hudelmaier, G.: Die Personalplanung im Zeichen der Substitution von Arbeit durch Kapital, in: Marx, August, Personalführung, Bd. II, S. 53 ff., Wiesbaden 1970

Hueck, A., Nipperdey, H., Stahlhacke, E.: Tarifvertragsgesetz, Kommentar, Berlin/München 1964

Hunziker, P.: Personalmarketing, Betriebswirtschaftliche Mitteilungen, Bern 1973

Inkeles, A., Rossi, P. H.: National Comparisons of Occupational Prestige, in: Amer. Journal of Sociology, Vol. 61, 4, 1956

Jacobi, F.: Personalpolitik heute und morgen, Düsseldorf/Wien 1963

Jucius, M. J.: Personnel Management, Homewood/Illinois 1971

Jungbluth, A.: Auf die Zukunft gerichtet. Das neue Betriebsverfassungsgesetz aus arbeitswirtschaftlicher Sicht, in: Rationalisierung, 2/1972, S. 41 ff.

Kaminsky, G.: Praktikum der Arbeitswissenschaft. Analytisches Untersuchungsverfahren beim Studium der menschlichen Arbeit, 1972

Kaminsky, G., Pilz, H. E.:	Gestaltung von Arbeitsplatz und Arbeitsmittel, Berlin/Köln/Frankfurt/M. 1970
Keiper, E.:	Die Personalpolitik, Diss. Mannheim 1961
Kellogg, M.:	Führungsgespräche mit Mitarbeitern, München 1972
Kepner, C., Tregoe, B.:	Management. Entscheidungen vorbereiten und richtig treffen, München 1967
Klabunde, H., Meyer, K. J.:	Der Arbeitsmarkt in der BRD, Stuttgart 1962
Kleining, G.:	Zum gegenwärtigen Stand der Image-Forschung in: Psychologie und Praxis, 3/1959, S. 198 ff.
Knoop, E.:	Fibel der Personalauslese und Personalführung, Darmstadt 1957
Konrad, R.:	Grundsätze für die innerbetriebliche Schulung, in: Industrielle Organisation, 41/1972, Nr. 7, S. 305 ff.
Kosinol, E.:	Leistungsgerechte Entlohnung, Wiesbaden 1962
Ders.:	Organisation der Unternehmung, Wiesbaden 1962
Kotler, P.:	Marketing Management: Analysis, Planning and Control, Englewood Cliffs/New Jersey 1967
Kramer, R.:	Information und Kommunikation, Berlin 1965
Kroeber-Keneth, L.:	Wie findet man qualifizierte Mitarbeiter? Düsseldorf 1960
Ders.:	Die Auslese der Begabten, Düsseldorf 1966
Kropff, H. F. J.:	Angewandte Psychologie und Soziologie in Werbung und Vertrieb, Stuttgart 1960

Landwehrmann, F.:	Industrielle Führung unter fortschreitender Automatisierung, Tübingen 1970
Lazo, H., Corbin, A.:	Management in Marketing, New York/Toronto/London 1961
Likert, R.:	New Patterns of Management, New York 1961
Linnert, P.:	Die neuen Techniken des Marketing, München 1970
Lückert, H. R.:	Mitarbeiter auswählen, beurteilen und führen, München 1972
Macharzina, K.:	Interaktion und Organisation. Versuch einer Modellanalyse, Diss. München 1970
Ders.:	Einführung in die Organisationslehre, als Manuskript veröffentlicht, Augsburg 1973
Maibaum, K., Beie, F., Rademacher, M.:	Die Praxis der Arbeitsvermittlung, Stuttgart u. a. 1972
Maier, K.:	Die neue Betriebsverfassung in der Praxis, in: plus, 2/1972, S. 53 ff.
Manekeller, W., Möhl, W.:	Mitarbeiterbewertung, Bad Wörishofen 1970
March, J., Simon, H.:	Organizations, New York/London 1958
Maslow, A. H.:	Motivation and Personality, New York 1954
Marx, A.:	Die Personalplanung in der modernen Wettbewerbswirtschaft, Baden-Baden 1963
Maul, H.:	Beurteilung der menschlichen Leistung nach REFA, in: Marx, August, Personalführung, Bd. I, S. 179, ff., Wiesbaden 1969

Mellerowicz, K.:	Unternehmenspolitik, Bd. II, Freiburg i. B. 1963
Mensch, G.:	Instrumente der kurzfristigen Personalplanung, in: ZfB, 38. Jahrg., Juli/1968, Nr. 7, S. 469 ff.
Mentzel, K.-H.:	Über das Marketing – Informationssystem als Grundlage von Entscheidungen im Marketing-Management, Diss. Augsburg 1972
Merle, G.:	Der freiwillige soziale Aufwand in der Industrie, Berlin 1962
Mertens, D.:	Arbeitsmarkt- und Berufsforschung, Stuttgart u. a. 1971
Meyer, P. W.:	Die machbare Wirtschaft, Essen 1973
Ders.:	Wirkungs- und Erfolgskontrolle im Marketing, in: Hundhausen, C., Werbung im Wandel. Sonderdruck. Eine Sammlung von werbefachlichen Texten, Essen 1972
Ders.:	Ist die Werbung besser als ihr Ruf? in: Sonderdruck aus der „adw-umschau“, Heft 6, Juni 1965
Ders.:	Marketing und die Lehre von der wirtschaftlichen Versorgung, in: MIR, Vol. 12, 1972, Nr. 4 – 5, S. 39 ff.
Ders.:	Elemente zu einer Beschaffungstheorie des Betriebes, Basel 1951
Ders., u. a.:	Grundlagen des Marketing, als Manuskript veröffentlicht, Augsburg 1972
Meyer, P. W., Koller, B.:	Die Rolle der Wirtschaftswerbung bei der Sozialisation, in: Sozialisation und Massenkommunikation, Hrsg. Ronneberger, F., Bd. IV., Der Mensch als soziales und personales Wesen, S. 378 ff., Stuttgart 1971
Moede, W.:	Betriebliche Arbeitswissenschaft, Essen 1954

Monjau, H.: Die Abwerbung von Arbeitskräften (Teil I) in: DB 1961, S. 98 ff.

Müller, G.: Betriebsverfassungsgesetz. Die Einigungsstelle, in: Der Arbeitgeber, Heft 11/1972

Müller-Hagedorn, L.: Zur Systematik der Kostenbeeinflussungsfaktoren und Ermittlung des quantitativen Personalbedarfs, in: ZfB, 41. Jahrg., 1971, Nr. 6, S. 418 ff.

Munz, M.: Beschaffung, in: Handwörterbuch der Betriebswirtschaft, Sp. 671 ff., Stuttgart 1956

Murrell, K. F. H.: Ergonomie. Grundlagen und Praxis der Gestaltung optimaler Arbeitsverhältnisse, Düsseldorf/Wien 1972

Nagel, K.: Die innerbetriebliche Ausbildung von Führungskräften in Großunternehmen, Berlin 1969

v. Nell-Breuning, O.: Mitbestimmung. Theorie und Praxis der Gewerkschaften, Frankfurt/M. 1968

Neuloh, O.: Personalknappheit als Arbeitsmarktproblem, in: Zeitschrift für handelswissenschaftliche Forschung, 14. Jahrg., Heft 8/9, 1962, S. 383 ff.

Nicklisch, H.: Die Betriebswirtschaft, Stuttgart 1932

Nieschlag, R., Dichtl, E., Hörschgen, H.: Marketing. Ein entscheidungstheoretsicher Ansatz, Berlin 1971

Nutzhorn, H.: Leitfaden der Personalbeurteilung, Berlin/Köln/Frankfurt 1965

Oeckl, A.: Handbuch der Public Relations, Theorie und Praxis der Öffentlichkeitsarbeit in Deutschland und der Welt, München 1964

o. Verf.: Innerbetriebliche Stellenausschreibung. Für den Personalleiter, in: Der Arbeitgeber, Heft 7/1972

o. Verf.: Das neue Betriebsverfassungsgesetz. Die Anhörung des Betriebsrats vor Kündigungen, in: Betriebswirtschaftsmagazin, Nr. 2/1972

o. Verf.: Grundsätze zur Abgrenzung von Personalberatung und Arbeitsvermittlung bei der Besetzung von Stellen für Führungskräfte der Wirtschaft, Erlaß des Präsidenten vom 30.8.1965, Rd.-Erl. 268/56.1.1971, Bundesanstalt für Arbeitsvermittlung

o. Verf.: Ergebnisse der Berufsberatungsstatistik in der BRD für das Berichtsjahr 1971, Beilage zu den amtlichen Nachrichten, Bundesanstalt für Arbeit, Nürnberg

o. Verf.: Jahreszahlen zur Arbeitsstatistik 1971, Bundesanstalt für Arbeit, Nürnberg, Nürnberg 1972

o. Verf.: Einstellungsbedarf bis 1980, in: Materialien, Nr. 35/1971, Bundesanstalt für Arbeit, Nürnberg

o. Verf.: Mitteilungen des Instituts für Arbeitsmarkt- und Berufsforschung, Heft 9/1969, Bundesanstalt für Arbeit, Nürnberg

o. Verf.: Arbeitsmarkt- und Berufsforschung. Zur Bedeutung neuer Berufe für die Beschäftigung, in: Materialien, Nr. 33/1971, Bundesanstalt für Arbeit, Nürnberg

o. Verf.: Report: Frauen auf Karrieresuche. Nur eine Frau, in: Capital 5/1972

o. Verf.: Die personalpolitischen Konsequenzen des neuen Betriebsverfassungsgesetzes, Hrsg. Deutsche Gesellschaft für Personalführung E. V., Neuwied/Berlin 1972

o. Verf.: Unterlagen zur Ausbildung des Personalsachbearbeiters, Hrsg. Deutsche Gesellschaft für Personalführung E. V., Neuwied/Berlin 1969

o. Verf.: Der Leiter des Personalwesens. Eine Anleitung zur Ausbildung, Hrsg. Deutsche Gesellschaft für Personalführung E. V., Neuwied/Berlin 1967

o. Verf.: Einführung neuer Mitarbeiter, Hrsg. Deutsches Institut für Betriebswirtschaft E. V., Düsseldorf/Wien 1965

o. Verf.: Ausländische Arbeitskräfte in Deutschland, Hrsg. Hessisches Institut für Betriebswirtschaft E. V., Düsseldorf 1961

o. Verf.: Marketing und Verkaufsleiterhandbuch, Verlag Moderne Industrie, München 1970

o. Verf.: Messerschmitt – Bölkow – Blohm, unveröffentlichte Untersuchungen, München 1972

o. Verf.: Personalmarketing, in: Marktpsychologie, Hrsg. Bergler, R., a. a. O., S. 341 ff.

o. Verf.: Methoden der Aus- und Weiterbildung älterer Arbeitskräfte, RKW Schriftenreihe „Ältere Arbeitnehmer", 1967

o. Verf.: Mitbestimmung im Unternehmen, Bericht der Sachverständigenkommission, Stuttgart/Berlin/Köln/Mainz 1970

o. Verf.: Siemens, Werbung von Schulabgängern im Raum München für Ausbildung bei Siemens durch Informationstage im WvS-Institut, 1972

o. Verf.: Klassifizierung der Berufe. Systematisches und alphabetisches Verzeichnis der Berufsbenennungen, Hrsg. Statistisches Bundesamt Wiesbaden, Stuttgart/Mainz 1970

Oster, D.: Personalplanung im Führungsbereich, in: Marx, August, Personalführung, Bd. I, S. 79 ff., Wiesbaden 1969

Overbeck, J. F.: Möglichkeiten der Marktforschung am Arbeitsmarkt und ihrer Auswertung zu einer Konzeption marktbezogener Personalpolitik, Diss. München 1968

Paulsen, S.: Manpower-Marketing – Schlagwort oder Notwendigkeit? in: Harzburger Hefte, 1971, S. 230 ff.

Peltzer, K.: Enzyklopädisches Handbuch der Werbung und Publikation, München 1961

Perridon, L.; u. a.: Einführung in die Management-Lehre, als Manuskript veröffentlicht, Augsburg 1972

Perridon, L.: Subsidiarität und Solidarität als Grundlage der Organisation des Produktionshaushaltes, in: Verantwortliche Betriebsführung, S. 131 ff., Stuttgart 1969

Ders.: Aufgaben und Möglichkeiten der Universität bei der Fortbildung ihrer Absolventen, in: Marx, August, Personalführung, Bd. IV, S. 287 ff., Wiesbaden 1972

Ders.: Unternehmensberater oder Organisationsberater? in: Das rationelle Büro, Nr. 1/1968, S. 34 ff.

Ders.: Management-Lehre: Neue Disziplin in Deutschland? in: Der Volkswirt, Sept. 1967, Nr. 37, S. 2020 ff.

Perridon, L., Macharzina, K.: Die Zukunft des Managements, in: Bayern auf dem Weg in das Jahr 2000, S. 357 ff., Düsseldorf 1971

Pleiß, U.: Freiwillige soziale Leistungen der industriellen Unternehmung. Versuch einer Wesenserfassung und systematischen Ordnung, Berlin 1960

Potthoff, E.: Organisation des Personalwesens, in: Handwörterbuch der Organisation, Sp. 1296 ff., Stuttgart 1964

Preisig, H.: Marketing in der Produktionsgüterindustrie, Winterthur 1962

Raschke, H.: Taschenbuch für Bewerberauslese, Heidelberg 1969

Ders.: Taschenbuch für Personalbeurteilung, Heidelberg 1969

Rehhahn, H.: Partizipation, in: Fortschrittliche Betriebsführung, 2/1972, Nr. 3

Reichwein, R.: Funktionswandlungen der betrieblichen Sozialpolitik, Köln/Opladen 1965

Reimann, H.: Kommunikationssysteme. Umrisse einer Soziologie der Vermittlungs- und Mitteilungsprozesse, Tübingen 1968

Ders.: Firmen-Image und Personalmarketing, unveröffentlichtes Manuskript zum Kontaktstudium, Augsburg 1971

Richter, A.: Die organisatorische Stellung des Einkaufs der industriellen Großunternehmungen und Konzerne, in: Die Betriebswirtschaft, 1930, S. 257 ff.

Ries, H.: Berufswahl in der modernen Industriegesellschaft, Bern u. a. 1970

Rippe, W.: Organisation und Personalwesen, Düsseldorf 1971

Röhrle, A.: Folge des neuen Betriebsverfassungsgesetzes: Mobilmachung im Personal-Management, in: Manager, Nr. 3/1972, S. 19 ff.

Rössle, K.: Einführung in die Allgemeine Betriebswirtschaftslehre, Stuttgart 1956

v. Rosenstiel, L.: Motivation im Betrieb, München 1972

Rosner, L.: Moderne Führungspsychologie, München 1970

Rothenhäusler, P.: Werbung, zit. nach Unziker, Personalmarketing, a. a. O., S. 23

Salber, W.: Psychologische Beiträge zum Verstandnis der Beeinflussung, in: Kölner Zeitschrift für Soziologie und Sozialpsychologie, 14. Jahrg., 1962, S. 87 ff.

Sandig, C.: Grundriß der Beschaffung, in: Die Betriebswirtschaft, Heft 8/1935, S. 175 ff.

Scanlan, K.: Führungstechnik für Manager, München o. Jg.

Schäfer, E.: Die Unternehmung, Köln/Opladen 1956

Scharmann, T.: Jugend in Arbeit und Beruf, München 1966

Ders.: Arbeit und Beruf, Tübingen 1956

Schein, E. H.: How to Break in the College Graduate, in: Harvard Business Review, 1964, Nr. 6, S. 68 ff.

Scheitlin, V.: Ausbildungstechnik in der modernen Unternehmung, Stuttgart 1970

Scherpf, A.: Personalmanagement im Umbruch, München 1972

Scheuch, E. K.: Sozialprestige und soziale Schichtung, in: Soziale Schichtung und soziale Mobilität, Köln 1965

Schlessmann, K.: Neues Rechtshandbuch der Personalleitung, München 1969

Schmid, K.: Eignungstests: Das geht zu weit! in: plus, 3/1972, S. 71 ff.

Schmidtke, H., Schmale, H.: Arbeitsanforderung und Berufseignung. Methodik der eignungsdiagnostischen Normenfindung, Bern 1961

Schmitt, M.: Marketing als Instrument moderner Unternehmensführung,
in: Rationalisierung, 20. Jahrg., Nr. 2/1969, S. 35 ff.

Schönfeld, H. M.: Die Personalplanung, ein vernachlässigter Teil der betrieblichen Planung,
in: ZfB 1963, 33. Jahrg., Heft 3, S. 141 ff.

Schönfelder, H.: Deutsche Gesetze, Textsammlung, Loseblattsammlung,
München/Berlin

Schredl, K.: Die Tageszeitung als Instrument des Personalmarketing,
in: w & v Journal, s. S. 14 ff.

Schweisheimer, W.: Stellenvermittlung mit Hilfe von Computern,
in: Personal, 22. Jahrg., Nr. 2, 1970, S. 45 ff.

Seischab, H.: Betriebswirtschaftliche Grundbegriffe,
Stuttgart 1961

Siebrecht, V.: Die Vorschriften über Arbeitsvermittlung und Arbeitsmarktpolitik,
Loseblattausgabe, Stuttgart 1972

Siegert, W.: Arbeitskräfte aus dem Leihhaus,
in: plus, 2. Jahrg., Nr. 5/1968, S. 51 ff.

Simon, H. A.: The New Science of Management Decision,
New York 1960

Simpfendörfer, J. M.: Methoden der Personal- und Ausbildungspolitik,
Hrsg. Deutsches Institut für Betriebswirtschaft, 1956

Six, F. A.: Marketing in der Investitionsgüterindustrie,
Bad Harzburg, 1968

Spencer, M., Siegelmann, L.: Managerial Economics, Decision Making and Forward Planning, Homewood/III. 1964

Spiegel, B.: Die Struktur der Meinungsverteilung im sozialen Feld,
Bern/Stuttgart 1961

v. Stachelberg, K. G.: Marktstrategie ohne Geheimnis,
Wien 1969

Staehle, W. H.:	Kennzahlen und Kennzahlensysteme als Mittel der Organisation und Führung von Unternehmen, Wiesbaden 1969
Staudacher, F.:	Die Informationspolitik – ein Instrument betrieblicher Personalpolitik, Diss. München 1967
Stecher, R.:	Stellenangebote entwerfen, gestalten, streuen, München 1963
Steinbrecher, D.:	Personalwerbung und Firmenbild, in: Marktpsychologie, Hrsg. Bergler, R., a. a. O., S. 347 ff.
Stephan, G., Bell, A.:	Das neue Betriebsverfassungsgesetz, in: Nachrichten für Angestellte, 1972
Stingl, J.:	Arbeitsvermittlung aus dem Computer, in: Management-Dokumentation, Handelsblatt/plus, Nov. 1970, S. 26
Stöcker, G., Dirks, H.:	Bewertungsverfahren im Angestelltenbereich, Neuried/Berlin 1970
Strauss, G., Sayles, L.:	Personnel. The Human Problems of Changement, Englewood Cliffs/New Jersey 1966
Taylor, L. K.:	Not For Bread Alone, London 1972
Timner, D.:	Berufsstatus und Personalwerbung, in: Marktpsychologie, Hrsg. Bergler, R., Bern 1972, S. 357 ff.
Trautmann, W. P.:	Die Stellenanzeige – ein Werkzeug der Personalpolitik. Eine Dokumentation, Ludwigshafen/Rheingönheim 1966
Treleck, R.:	Psychologische Probleme der Teamarbeit, in: Fortschrittliche Betriebsführung, Jahrg. 21, 1972, Nr. 3
Uhlig, O.:	Der Mensch auf seinem Markt. Arbeit – amtlich angeboten, Stuttgart/Berlin/Köln/Mainz 1970

Ulrich, H., Staerkle, R.: Personalplanung, Köln/Opladen 1965

Ulrich, H.: Die Unternehmung als produktives soziales System, Bern 1968

Vroom, V. H.: Work and Motivation, New York u. a. 1964

Wallach, F.: Beförderung und Aufstieg in der Unternehmung, Winterthur o. Jg.

Weber, M.: Die protestantische Ethik und der Geist des Kapitalismus, in: Weber, M., gesammelte Aufsätze zur Religionssoziologie I, S. 17 ff., Tübingen 1920

Weber, R.: Beschäftigung ausländischer Arbeitnehmer, Heft 1: Rechtsvorschriften, die bei der Anwerbung, Vermittlung und Beschäftigung ausländischer Arbeitnehmer zu berücksichten sind, 3. Aufl., o. Jg.; Heft 2: Praktische Hilfen zur Ausländerbeschäftigung, 3. Aufl., o. Jg.

Ders.: Das Dienstalter als Auslesekriterium bei Beförderungen, in: Personal, Mensch und Arbeit, 22. Jahrg., Jan./1970, S. 9 ff.

Yoder, D.: Personnel management and industrial relations, Englewood Cliffs/New Jersey 1970

Zander, E., Grabner, G., Knebel, H., Pillat, R.: Führungssysteme in der Praxis, Heidelberg 1972

Zucker, K.: Personalbeurteilung bei der Einstellung von Mitarbeitern, in: Marx, August, Personalführung, Bd. I, S. 47 ff., Wiesbaden 1969

Stichwortverzeichnis

A

Absatzmarkt 13
Abwerbung 90
Anforderungen 83, 105
Anforderungsanalyse 83 f.
Anforderungskatalog 87
Anforderungskategorien 85
Anforderungsmerkmale 85
Anforderungsprofil 75, 94, 117
Anreizpolitik 39
Arbeit 39
Arbeitsanalyse 83
Arbeitsangebot 19
Arbeitsbedingungen 105
Arbeitsbeschreibung 83
Arbeitsförderungsgesetz 88
Arbeitskräfteangebot 69
Arbeitskräftebedarf 69
Arbeitskräftereserven 96
Arbeitslosigkeit 19
Arbeitsmarkt 17, 18, 32 f.
Arbeitsmarktforschung 30, 34
Arbeitsmotivation 21, 39, 79
Arbeitsplatzgestaltung 37
Arbeitsplatzwechsel 50
Arbeitsrecht 88
Arbeitsuchende 18
Arbeitsumweltgestaltung 37
Arbeitsvermittlung 104 ff.
Arbeitswissenschaft 37
Arbeitszeitgestaltung 37
Aufstieg 39, 52
Ausbildung 51, 98
Ausbildungskosten 99
Ausbildungs- und Laufbahnplanung 51
Ausdauer 16
Auskunftspflicht 89
Autorität 43

B

Bedingungen, arbeitstechnische 37
–, juristische 36
Bedürfnisse 26
Bedürfnispyramide 27
Beförderung 46
Beruf 73
Berufsbezeichnung 74, 75
Berufsforschung 27, 65, 73
Berufsprozeßforschung 30
Berufssoziologie 75
Berufsstrukturforschung 29, 30
Beschaffungsmarkt 13
Besichtigungen 114
Betriebsrat 89
Betriebsverfassungsgesetz 36, 88
Beurteilungsmaßstäbe 98
Bewegungsmerkmale 16
Bewerberauswahl 92, 116
Bewerbungen 116
Bewertungsmerkmale 46, 47
Bildungschancen 21
Bundesanstalt für Arbeit 20, 105
Bundessozialhilfegesetz 88
Bürokratisch 43

C

Campus Werbung 112

D

Dynamik 47

E

Eigenanalyse 21
Eigenwert 21
Eignungsprofil 75, 94

Einflußsystem 37, 38
Eingliederung 64
Einstellungsbedarf 70
Emanzipation der Frau 21
Entgelt 39
Entgeltpolitik 40
Entlassung 46
Erfolgsbeteiligung 40
Ethik, protestantische 21

F

Fluktuation 96
Förderkartei 100
Fortbildung 51
Freizeitorientierung 21
Führen 42
Führungsstil 39, 42
Funktionssystem 38

G

Geltungsbedürfnis 79
Gewerkschaftsmarketing 14
Grundgesetz 88
Gruppenforschung 39
Gruppenzusammensetzung 50

H

Hawthorne-Untersuchung 16
Homo oeconomicus 24
Human-Concept 24
Humanisierung 38
Humanität 23

I

Image 54, 70 f., 75, 107
Individualitätsprinzip 105
Information 44
Informieren 44
Inserat 107
Integration 50
Internal Relations 56

J

Job 106
– enlargement 50

K

Käufermarkt 13
Kirchenmarketing 14
Klarheit 54
Kooperativ 43
Kommunikationsform 44
Kommunikationsweg 44
Konsumentenwerbung 94
Kontaktbedürfnis 82

L

Laissez-faire 43
Laufbahnkriterien 53
Laufbahnlinie 53, 100
Laufbahnplan 102 f.
Laufbahnplanung 52, 95, 100
Lehrlingsausbildung 95, 101
Leistung 38, 39
Leistungsabgabe 16
Leistungsmotivation 82
Leistungsvermögen 16
Lernbereitschaft 52
Liberalisierung 21
Liniensystem 38
– mit Querverbindung 38
Lohnerhöhungen 20
Lohnpolitik 40

M

Machtstreben 82
Management 15
Manipulation 38
Marketing 13, 15
Marketing-Management 13, 15
Marketing-Mix 24
Marktforschung 30
Marktkommunikation 17 f., 94
Marktmodell 17, 18
Marktsubjekte 18
Meldepflicht 89
Merkmalsanalyse 47
Mitarbeiterauswahl 23
Mitarbeiterbeurteilung 46
Mobilisierung 21

Modellvorstellungen 16
Motivationsforschung 39
Motivationspsychologie 79

N
Nachwuchskartei 100
Neutralität 105

P
Partizipation 39
Patriarchalisch 43
Personal- und Arbeitsmarktforschung 25
Personalbedarfsplan 63
Personalbedarfsplanung 49
Personalberater 109
Personalbeschaffung 23, 63
–, Methoden 94
Personalbeschaffungsplanung 50
Personalbeschreibungsbogen 46
Personalbestandserhaltung 64
Personaleinsatzkontrolle 50
Personaleinsatzplanung 50
Personalforschung 26, 65, 78
Personalfragebogen 46, 92
Personalführung 25, 42
Personalmarketing 22 ff., 94
Personalmarkt 23
Personalorganisation 36
Personalphilosophie 22
Personalplanung 25, 48, 89
Personalpolitik 22
Personalselektierung 111
Personalvertretungsgesetz 88
Personalverwaltung 25, 57, 58 f.
Personalwerbung 23
Personalwesen 22, 24
Persönliche Wirkung 47
Persönlichkeitsschilderung 46
Planen 48
Polaritätsprofile 72
Prestige-Rangskala 76
Produktionsfaktoren 22
Prognose 48
Public Relations 55
– und Internal Relations 25, 54

Q
Qualität des Lebens 118

R
Raumaufteilung 37
Reserve-Armee 19

S
Selbstbestimmung 37
Selbstbewußtsein 21
Selbstentwicklung 46
Selbstverwirklichung 82
Sexualität 79
Sicherheitsbedürfnis 79
Sinngebung 82
Sorgfaltspflicht 89
Sozialleistungen 41
Sozialleistungspolitik 40
Sozio-Marketing 14
Spendenmarketing 14
Stab-Liniensystem 38
Stelle 65, 83, 84, 94, 105, 117
Stellenangebot 105
Stellenanzeigen 23, 107
Stellenausschreibung 95, 113
Stellenbeschreibung 84
Stellenbesetzungsplan 50
Stellengesuch 105
Steuerung 47
Strukturplanung 25, 35, 36
System der überlappenden Gruppen 38

T
Tag der offenen Tür 114
Teamgeist 39
Teilarbeitsmärkte 66, 67
Testverfahren 92, 93

U
Überbeschäftigung 19
Überreden 38
Überzeugung 38
Unentgeltlichkeit 105
Unparteilichkeit 105

V

Verführen 38
Verkäufer-Markt 13, 19
Vermittlungsauftrag 105
Vermittlungsausgleich 106
Vermittlungsmonopol 90, 105
Vermittlungspflicht 105
Versetzung 46
Vertraulichkeit 105
Vertretung 50
Verwaltungsaufgaben 58
Vitalität 47
Vollbeschäftigung 19
Vorstellungskosten 89

W

Wahrheit 54
Weiterbildung 51
Willensstruktur 47
Wirtschaftlichkeit 23, 38
Wohlfahrtsbewegung 16

Z

Zeitpersonal 112
Zielvorstellungen 17
Zuordnung 50
Zusammenarbeit 47
Zwang 38

Weitere Titel aus dem Girardet-Fachbuchprogramm:

P. W. Meyer

Die machbare Wirtschaft

Grundlagen des Marketing

170 Seiten mit zahlreichen Abbildungen und Tabellen sowie 2 Falttafeln. Kartoniert.
ISBN 3-7736-4600-3

Inhalt: Wirtschaft – Markt – Marketing. Wirtschaft als Gesamtheit der Versorgungssysteme. Versorgungssysteme u. Verwendung. Die Funktionen der Einzelwirtschaft im Versorgungssystem und der systematische Ort des Marketing. Transparenz der Versorgungssysteme am Beispiel des Marktes. Die Systeme der Marktbearbeitung. Schlußwort. – Quellenangaben. Weiterführende Literatur

K.-H. Mentzel

Das Marketing-Informations-System

Grundlagen für Entscheidungen im Marketing-Management

146 Seiten. Kartoniert.
ISBN 3-7736-4605-4

Inhalt: Grundlagen des Marketing-Managements: Bedeutung des Marketing für die Unternehmensführung. Konzeption des Marketing-Managements. – Modell eines Marketing-Informations-Systems: Systemkonzept im Marketing. Bedeutung der Information im Marketing-System. Das Marketing-Informations-System als Modell. – Gegenwärtige Anwendung eines Marketing-Informations-Systems in der Praxis. – Quellenangaben. Weiterführende Literatur

A. Kreuz

Der Produkt-Manager – Seine Rolle im Marketingprozeß

Ca. 250 Seiten. Kartoniert.
ISBN 3-7736-4630-5

Inhalt: Der Produkt-Manager im System des Marketing: Marketing als Konzeption der Unternehmensführung; Das Marketing-System als Basis des Produkt-Managers; Zur Entwicklung des Produkt-Managements. – Der Produkt-Manager als Schaltstelle im Marketingprozeß. Der Marketing-Produktplan als zentrales Instrument des Produkt-Managers; Aktivitäten des Produkt-Managers bei Produkt-Neueinführungen; Aktivitäten des Produkt-Managers bei im Markt bereits etablierten Produkten. – Voraussetzungen für die Effizienz des Produkt-Managers: Enge Kooperation zwischen Produkt-Manager und den anderen betrieblichen Funktionsbereichen; Lösung des Verantwortungs- und Kompetenzproblems des Produkt-Managers; Sinnvolle organisatorische Verankerung des Produkt-Managements im Unternehmen; Aufgabenadäquate Stellengliederung des Produkt-Managements; Hohe Qualifikation des Produkt-Managers. – Schlußbetrachtung: Die Zukunftschancen des Produkt-Managers

H. G. Kaltenbach

Die Rolle von Produkt und Verpackung in der Marktkommunikation

Ca. 160 Seiten. Kartoniert.
ISBN 3-7736-4615-1

Inhalt: Kommunikation im Markt. Produkt und Verpackung in der Marktkommunikation. Realisierung der Kommunikation durch Produkt und Verpackung: Die Marketing-Kommunikationsbereiche; Produkt und Verpackung im Marketing-Mix; Der Ablauf des Kommunikationsprozesses durch Produkt und Verpackung; Reale Wege der Kommunikation durch Produkt und Verpackung; Markt- und Verwendungssystem als Informationsfelder; Spezielle Aspekte für die Produktausstattung zur Realisierung der Kommunikation; Die Kommunikation im Prozeß der Kaufentscheidung. – Schlußbemerkung

L. Knüppel

Entscheidungsorientierte Werbeträgerplanung am Beispiel ausgewählter Massenmedien

Ca. 180 Seiten. Kartoniert.
ISBN 3-7736-4625-9

Inhalt: Werbung. Werbeplanung. Werbeträgerplanung. Modellansätze und Werbeträgerplanung. Charakteristika des zu erreichenden Marktes. Charakteristika der Werbeträger. Das Kriterium des Werbeträgererfolges. Einfache Bewertungsfunktionen. Bewertungsfunktionen mit den Extremfällen der Überschneidungen. Bewertungsfunktionen mit allgemeinen Überschneidungen. Probleme zeitabhängiger Werbeträgerplanung. Erweiterung der Bewertungsfunktionen und Betrachtung typischer Restriktionen. Zur Lösung von Modellen der Werbeträgerplanung. – Schlußwort. – Mathematischer Anhang

P. Kahn

Sparkassen-Marketing

Wirklichkeit und Chancen

152 Seiten. Kartoniert.
ISBN 3-7736-4620-8

Inhalt: Marketing als integratives System. Der Sparkassenmarkt als Versorgungssystem. Situationsanalyse auf dem Sparkassenmarkt. Notwendigkeit der Neuorientierung. Ziele der Sparkassen. Notwendigkeit der Neuorientierung im System der Marktbearbeitung (Die Absatzvorbereitung; Die Marktkommunikation; Die Abschlußaktivität Die Realisierung). Die Kontrolle im Marktbearbeitungssystem. Abschließende Bemerkungen

K. Brankamp

Systematische Planung des technologischen Unternehmens- und Wirtschaftsprofils

80 Seiten. Kartoniert.
ISBN 3-7736-0154-9

Inhalt: Nachfrageentwicklung und technologisches Unternehmensprofil der Investitionsgüterindustrie. Untersuchung und Analyse von charakteristischen Beispielen. Das technologische Unternehmensprofil. Ableitung des technologischen Unternehmensprofils der Zukunft (Sollprofil). Praktische Anwendung der Systematik und überbetriebliche Maßnahmen zur Beeinflussung des technologischen Unternehmensprofils. – Zusammenfassung

R. Antonoff

Methoden der Image-Gestaltung für Unternehmen und Organisationen

Eine Einführung

Ca. 92 Seiten. Kartoniert.
ISBN 3-7736-0155-7

Inhalt: Image – was ist das? Das Image als Regelkreis. Das Erscheinungsbild des Unternehmens. Wie ein Firmenstil entsteht. Image-Gestaltung als Arbeitsprozeß. Vom Erscheinungsbild zum Darstellungsbild. Gestaltung groß geschrieben. Zeichen der Identität. Image des Überlebens

F. Ziegler (Hrsg.)

Der neue Teisman

Die rechte Hand des Kaufmanns

34., völlig neu bearbeitete Auflage. XVI und 851 Seiten. Leineneinband.
ISBN 3-7736-7506-2

Inhalt: Wirtschaften im Betrieb. Buchführung und Bilanz. Wirtschaftsrechnen. Betriebswirtschaftliche Statistik. EDV im Dienste des Kaufmanns. Werbung. Kaufmännischer Schriftverkehr. Geld, Banken, Börsen. Güter- und Nachrichtenverkehr. Versicherungswesen. Betriebswirtschaftliche Steuerlehre. Steuerpraxis. Recht des Kaufmanns. – Stichwortverzeichnis

VERLAG W. GIRARDET
43 ESSEN